# イオンを創った女

## 評伝 小嶋千鶴子

日本一の巨大流通グループ創業者、
岡田卓也実姉の人生と経営哲学

東海友和＝著
Tomokazu Tokai

プレジデント社

# はじめに

小嶋千鶴子――日本の実業家。三重県四日市市で四日市岡田家が起業したイオングループの元経営者で、イオンのビジネス精神を築いた。

ウィキペディアではそのように紹介されている。

また、岡田卓也イオン名誉会長は「姉、千鶴子がいたからこそ、現在のイオンの繁栄があることは間違いありません」と、その著書『小売業の繁栄は平和の象徴』のまえがきで感謝している。

事実、四日市の岡田屋をジャスコへ、ジャスコをイオングループへと育て上げる基礎を築いたのが、岡田卓也の姉・小嶋千鶴子である。

家業を企業へ、企業からさらに産業へと発展させた類まれなる経営手腕。加えて、その過程で行った数々の合併、それを成功させるに至った彼女の人事・組織経営をして、人々は小嶋千鶴子を〝人事・組織専門経営者のレジェンド〟とさえ呼ぶ。

その小嶋千鶴子が現職を退任してから約四〇年が過ぎようとしており、実際のところ小嶋千鶴子を知る人が少なくなってきた。「小嶋さんって誰？」、「聞いて知っているけど偉い人らしいね」という程度でその人となりや業績については、やや遠い物語になりつつある。

小嶋の人事に関する事柄がなかなか次代に継承されなかった理由は、一つには小嶋は裏方・補佐役に徹していたということがある。

もう一つは小嶋があまりにも強い個性をもつがゆえに「小嶋さんだからできた」と属人的なものとして捉えられてしまうからである。

確かにそうであることは否めない。強すぎる個性は時としてトップやラインの長から忌避されることがある。経営の暴走を抑制する立場を往々にしてとる。平たくいえば煙たい存在であり、葬られやすい。

一方で、だからこそ五〇年前に小嶋は労務管理人事とは一線を画し、今日で言うところの「経営人事」「戦略人事」の概念を確立し、ＣＨＲＯ（最高人事責任者）の役割を立派にやり遂げた。

それをこのまま埋れさせるのはあまりにももったいない。小嶋のなしえたこと、その根底にあるものの見方、考え方を是非伝承したいという強い欲求から、ここに本書を記すことにした。

私は縁があって岡田屋に入社し、人事教育部に配属され幸いなことに小嶋の下で青年期を過ごすことができた。小嶋の行動、しぐさの一つも見逃すまいとし、言葉の裏にある真意を直に聞いたりもした。そこで得た数多くの教えと、彼女自身が残した著書(一般には出ておらず、イオンに入社した者だけが手にすることができる『あしあと』)の中からそのエッセンスを紹介し、咀嚼解説したものが本書である。

一口に言って小嶋は「難解」である。エッセンスをどれだけ積み重ねても全体像が見えにくい。そして底なしに深い。深い底には燃えたぎる「マグマ」がある。マグマの正体は私にはわからないが「エネルギー」の源であることは相違ない。

読者諸氏にも、そのエネルギーを感じ取っていただければ幸いである。

目次

## 第2章　善く生きるということ―小嶋千鶴子の人生哲学

## 第3章 トップと幹部に求め続けたもの――小嶋千鶴子の経営哲学

## 第4章 人が組織をつくる——小嶋千鶴子の人事哲学

## 第5章 自立・自律して生きるための処方箋

# 第1章
# 小嶋千鶴子を形成したもの
## ——その生い立ちと試練

## 1　宿命──田舎町の呉服屋から

小嶋千鶴子の物語はどこにでもある田舎町、四日市の呉服屋から始まる。四日市は田舎町ではあるが旧東海道の宿場町であり、京都から江戸への往還の街道に位置する。さらに、四日市は東海道から分岐して「伊勢神宮」への街道に至る分岐点でもある。

千鶴子は岡田家の次女として一九一六年（大正五年）三月三日に生をうける。

生家の屋号は岡田屋呉服店といい、創業者は江戸時代三河武士で、鈴鹿山系に位置する治田郷というところで鉱山開発の責任者（奉行）をしていた。ところが、鉱山が枯渇し、その初代は武士を捨て、一七五八年に四日市で商売を始めた。その年をもって創業年とし、以来、代々呉服屋を営んでいたという。

岡田屋は、かなり先見的な経営を行っていた。

一八八七年には五代目・惣右衛門が「見競勘定」という現代でいう貸借対照表を導入した複式簿記を採用している。九二年には店規則（現代でいう就業規則）を定め、店員の資格制度や給与規定を定めている。

一九〇四年には商品券を発行し、店舗を二回移転している。二一年には、呉服だけではなく洋服部を設置し洋服の販売を始め、二六年に、六世惣右衛門（千鶴子・卓也の父・惣一郎の別名）は店を株式会社組織に改め、株式会社岡田屋呉服店を資本金二五万円でスタートした。同時に帳簿を複式簿記とした。当時四日市では株式会社は数軒であり、岡田屋呉服店は近代的な進歩的な会社として有名だったという。

千鶴子はその岡田屋呉服店の五代目・惣右衛門を祖父に、父・惣一郎、母・田鶴の次女として生まれた。長女・嘉津子と五人家族であったが、その後三女の稔子、四女・みどり、そして、長男の卓也（のちのイオングループ名誉会長）が千鶴子誕生から約一〇年後の一九二五年九月一九日に誕生し、八人家族となった。

## 2　背負った使命——二三歳の当主

千鶴子が生まれ育った時代は、日本はもとより世界の激変期だった。

同時に岡田屋にとっても平穏ではない時期であった。

一九二七年、千鶴子が一一歳のとき、父である六世惣右衛門が心臓病のため急逝した。四三歳の若さであった。早稲田大学を卒業して、五世惣右衛門の下で経営の勉強をし、これからという時にである。長男・卓也はわずか二歳で、父の顔さえハッキリとした記憶がないという。

当時のことを小嶋は自著『あしあと』でこのように述べている。

「待ち望んでいた長男の誕生で張り切り過ぎたためか、父は明けて昭和二年に心臓病で倒れ、そのまま亡くなってしまう。まだ四十三歳の若さであった。母はそのとき三十三歳、姉弟は五人、上四人は女である。主人を失った店、父を失った母と子が残された。そしてそのあとに昭和の大恐慌が訪れる。(中略)私はちょうど女学校を終わり、東京の上級学校への入学が決まっていたが、それも取りやめざるを得なかった」

呉服屋のお嬢様・千鶴子は四日市高等女学校でフランス留学を夢見て勉学に励みつつ、プロレタリア文学に傾倒する利発な高校生であった。かたわらで、将来へのたしなみとしてお茶とお花の習い事もしていたという。

小さい頃から頭が良く活発な千鶴子にとってこの上級学校への進学断念は大きな出来事であり、これがのちに猛烈な向学心・克己心に大きな影響を与えることとなる。さらには、広く社会において、そのような境遇にある児童に対する救済制度を設けることになり、また社員に対する熱心な教育制度につながっていくのであるが、それはだいぶあとの話である。

当時に話を戻す。

一家の中心を失った岡田家では田鶴が女の細腕で一家と呉服店を切り回していたが、時代は世界大恐慌へと突入する。多くの会社をはじめ、銀行までもが倒産して町に失業者があふれた。経済基盤の弱い日本の企業は手の打ちようもなく、連鎖倒産。岡田屋呉服店が取引のあった四日市銀行までもが潰れた。長い不況の時代がやってきたのである。

その心労のためか、まもなく母の田鶴までもが病に倒れ、四日市の東の海岸近くの松林に囲まれた富田浜という閑静なところにあった別宅で、療養生活を送ることになる。幼い卓也は店の者に連れられてよくそこへ見舞いに通ったという。

しかし、厚い介護と療養の甲斐もなく、一九三五年についに帰らぬ人となった。千鶴子二〇歳、弟・卓也一〇歳である。幼い子供を残してこの世を去るかもしれない親の心境はいくばくのものであったろう。

岡田屋のほうは田鶴が療養に入ると今度は長女・嘉津子が店を取り仕切るようになった。よくがんばってはいたが、一九三八年に四日市に大洪水が起き、大きな被害が出た。その立て直しに取り組み、果たしたところでその疲れが出たのか、翌年これまた母に続いて亡くなってしまった。

千鶴子が二三歳のときである。

四日市では、一九三二年に東洋紡績の塩浜工場が完成するなど、商業が広域化していた時代であった。世界ではドイツがポーランドに侵攻し、英仏がドイツに宣戦布告する第二次世界大戦が勃発した。世界中に暗雲が立ち込めたといえよう。

岡田屋は祖父・惣右衛門、父・惣一郎、母・田鶴、姉・嘉津子という四人の家長的存在の大黒柱を立て続けに失った。残されたのは妹二人と一四歳の弟・卓也、そして千鶴子の四人。そのとき成人者は二三歳の千鶴子のみだったため、千鶴子が株式会社岡田屋呉服店の代表取締役とならざるを得なかった。

到来した不幸を嘆き悲しむ暇もなく、母の代わりとして弟妹の面倒を見、会社の切り盛りもしなければならなくなった。それまで何一つ不自由なく育った彼女にとって全く青天の霹靂であったであろう。

幼いときから活発で頭がよく、負けず嫌い。女学校時代は化粧もせず、和服より洋服を好み、読書家で特にプロレタリア文学にのめりこみ、ロマンチストでもあったようだ。聞くところによれば、母・田鶴とそっくりであったという。

そのような彼女が「経営の場」に登場することになる。

当時、千鶴子には小嶋三郎一という婚約者がいた。が、社長に就任すると、その結婚を延期した。卓也を一人前にするまでは「結婚」の選択肢はなかった。結婚を延期したのは、店の経営者としての、また妹たちと弟の母代わりとしての千鶴子の強い意志表明であろう。

岡田屋の経営自体は父の時代から「番頭さん」による運営がなされていた。また父方と母方の縁者が経営にも参画していた。しかし、千鶴子はただそれを見守っている人物ではなかった。社長に就任すると、次第に現状を見聞きしながら持ち前の負けん気の強さと向学心で経営実態を瞬く間に見事に掌握した。

残していくべきものは何か、改革すべきは何か、障害となるものは何かなど、将来の跡継ぎである卓也時代を見据えて種々の手を打っていった。

それらは家業的経営からの脱皮でもあり、先代から引き継いだ株式会社経営をより近代化させることでもあった。

しかし、小売業の自由な時代ではなかった。戦時中の経済統制下にあったこの当時のことについて小嶋は白寿のお祝い席の挨拶で次のように述べている。

「今この歳になって思うことがあります。私が岡田屋を引き継ぎ大変でしたねという人があるが、一口でいえば生きることで一生懸命でした。バカな時代でもありました。贅沢は敵だといって、西陣織の金糸・銀糸を抜き販売したものでした。折角職人さんが苦労して織った西陣織を……ですよ。戦後間もない頃には売る品物がない、京都にちり紙があると聞けば買いに行きました。名古屋の堀川に木材があるのでそれを買って下駄を作って売りましたところ乾燥不良で下駄が反って全部返品になったことがあります。思い出すのはそれくらいです」

この体験がのちのイオン憲章の平和にもつながる。小売業は平和な時代しか成立しないことを物語っている。戦争の悲惨さ、平和の大切さが身に染みているのだろう。

一九四一年、日本はアメリカと開戦、本格的な第二次世界大戦に突入した。売るものがなく衣料品は切符制となった。男は兵隊か徴用にとられ、広い店には千鶴子社長と年寄の男子数名とあと女性二名ほどになり、その人数で店を守った。

一九四三年に卓也は早稲田大学に入学した。

千鶴子は卓也の進学先として、千鶴子が経営を勉強するにあたって学んだ恩師・神戸大学経営学部教授・平井泰太郎先生の縁で神戸大学を考え、段取りしていた。それにもかかわらず、卓也は千鶴子に断りもなく早稲田大学を選んだのである。父が卒業した大学に父の歩んだ道筋を見たかったのかもしれない。

四日市を出て東京・阿佐ヶ谷で下宿生活を送ることになった卓也のもとへ、千鶴子はときおり「米」を持って訪ねた。卓也も早稲田大学在学中にも店の手伝いのため四日市によく帰郷していた。千鶴子は卓也が帰郷したときには商売の仕方、姿勢、店の経営など叱責しつつ教え込んだ。

たとえばこんなことがあった。

当時は統制経済で切符制であった。切符制を導入するときに、客はどこで商品を購入するか、その店の指定登録をするのであるが、その指定がとれるということはその店がいかに日ごろ信用されているかのバロメーターでもあった。そのため、どこの店も指定の確保に必死であった。

あるとき卓也はある地区の指定を取り損ねて帰ってきた。千鶴子は卓也を烈火のごとく叱りとばし、再度の挑戦を命じたのである。叱責を受けた卓也は必死に挽回し、結果、岡田屋は指定登録が三重県で一位となった。

千鶴子はもはや姉ではなく、父であり母であると同時に教師としての役割も果たしながら、卓也に商売の基本を文字どおりたたきこんだのである。

## 3 焦土からの復興──残った先代の遺産

一九四五年、卓也は兵役に就き、同年の六月には四日市に激しい空襲があった。その後、何度かの空襲を受け、四日市は焼け野原となってしまった。

空襲によって店も商品もなくなった岡田屋の再スタートは、千鶴子と弟・卓也、そして数人の番頭クラスで行った。店が再建できるまで店員には退職金を渡し、一時解雇とした。

何もかもがなくなった中で、千鶴子は「岡田屋の商品券をお持ちの方には現金をお返しします」というチラシを配る。店が焼けても岡田屋の「のれん」は焼けていないという千鶴子の強い存在証明だった。

空襲のせいなのだからそんなことをしなくとも誰も非難することはないというのに

あえて彼女は行った。このことにより岡田屋の信用はゆるぎないものとなり、千鶴子の経営者としての名声はさらにあがった。

一九四五年一二月、四〇坪の店の棟上げ式をした。

後年、小嶋千鶴子八七歳のとき、私財を投じて美術館をオープンさせたが、そのとき職員との雑談の中で当時のことをこのように語った。

「店を建てようにも材木がない。あちらこちらを探し回ってやっと見つけた先が石薬師にあった。リヤカーに一杯積んで、四日市まで引いてきたが重かったし、本当に遠いと感じた」と。

そうして自ら資材をかき集め、翌四六年の三月には開店した。

この年はインフレによる新円切り替えが行われたが、その前に千鶴子は会社に残っていたお金のすべてを商品に換えた。第一次世界大戦後のドイツでスーパーインフレーションが起こりお金に値打ちがなくなったことを本により学んで知っていたからである。

「確か、昭和研究会（近衛文麿公を中心にした集まり）というところが発行していた『戦後の収束』という本だったと思う。日本ももし敗戦になれば必ずインフレがやってくる。その後には通貨の改革が避けて通れないことを、予測させるものだった。間もなく終戦をむかえ、その本を読んでいたことが脳裏に浮かび、昭和二十一年の新円・旧円切り替えのときには、あるだけの現金を集めて商品に替えた。また預金封鎖の後も、その封鎖預金を担保にして銀行から融資を受け、それでまた商品を仕入れることができた。もし書物による知識がなければ、決してこのような行動に出ることはなかっただろう。その後の店舗復興に大いに役立ったことはいうまでもない」

（『あしあと』より）

「姉の千鶴子は平井先生や書物から、第一次世界大戦後のドイツを襲った狂乱インフレの収拾策を聞いたり読んだりして、当時の日本経済の現状を的確に把握していた。現金でなく実物にシフトする。その教えを忠実に実行したのだった。一カ月後の二月、幣原内閣は従来の紙幣の通用を停止し、新円を発行する金融緊急措置令を発令した。三月、岡田屋は店舗営業を再開した。店の大きさは四十坪（約百三十二平方メートル）と、今のコンビニ並みの大きさだが、戦後約半年での再開に『さすが岡田屋さん』と言われた。一月に大量に仕入れた商品は飛ぶように売れ、新円がどっと入ってきた。あの時もし、旧円を持ち続けていたら、岡田屋はどうなっていたかわからない」

（岡田卓也著『小売業の繁栄は平和の象徴　私の履歴書』日本経済新聞社より）

猛烈なインフレという大きなピンチをチャンスにかえて、飛躍の土台をつくり上げたところで、六月、千鶴子は岡田卓也を代表取締役社長とし、自身は代表を退いた。「阿吽の呼吸のバトンタッチ」（卓也談）である。卓也はまだ早稲田大学在学中の学生社長であった。

代表に就任した卓也は、七月の新しい店の開店に際しちょっと気負って「焦土に開く」と銘打ったチラシを打った。四日市で戦後にまかれた初のチラシで、これを目にした市民はやっと平和が訪れたと言って泣いて喜んだという。

このとき、千鶴子は三〇歳。ようやく父として、母としての役割が一段落したばかりだった。

## 4 弟と二人三脚──姉から共同経営者へ

一九四八年に卓也は早稲田大学を卒業し、本格的に岡田屋の社長として本領を発揮することになる。千鶴子はそんな卓也とともに来る日も来る日も朝早くから夜遅くまでよく働いた。四日市の町でも評判の働き者で、その評判は近郷まで広まっていた。

一九四九年には、のちに岡田屋の本部事務所となる諏訪新道に店を移動した。

岡田家にはいくつか家訓があり、その一つに変化に柔軟に対応して店舗立地の選定をし移動する「大黒柱に車をつけよ」というものがあり、それを実践したのである。それにより、岡田屋はますます飛躍していく。

一九五〇年、卓也は前年に千鶴子が持ち込んだ縁談の相手である三重郡菰野町の大地主の娘・高田保子と結婚した。相手の娘は近郷の大地主であったため、商人である岡田屋とは位が違っていたが、働き者であるという卓也の評判を知っていたからか承諾された。

卓也の結婚と同時期に千鶴子は婚約者であった画家の小嶋三郎一と結婚。卓也が一人前になるまではと結婚を延期していた千鶴子の長かった独身時代はおわり、岡田千鶴子は晴れて、小嶋千鶴子となったのである。

後年、桑名市のある通りを小嶋と私の二人で通りかかったとき、「この道なあ、お花を習っていたときよく歩いたもんや」とふと言ったことがある。突然のことで返事に困った。「あの小嶋さんが、お花を習っていたことがあるなんて……」と、想像できなかった。

進学し、フランス留学を夢みていた小嶋にとっては、普通の娘としてなんの責任もなく、自由だった当時を懐かしみ、自然に発した言葉だったのであろう。

早くに父や母そして姉を失い、幼い妹と弟・卓也の面倒を見ながら、岡田屋の経営に携わり奮闘した一三年間は、社会の激変を乗り越える千鶴子の才覚を発揮させる試練の舞台でもあった。そして彼女は見事に使命重責を全うした。

それからまもなく千鶴子は岡田屋の経営から身を引き、三郎一との住居を大阪の住吉区に移し、永年の夢であった「本屋」を開店した。本好きの千鶴子にとって本に囲まれた生活は至福のひとときであった。

読書家で頭のよいサッパリした女性店主がいる、ということでたちまち界隈では評判になった。専門書を買い求める先生や学生たちとも本について議論もした。

また、三郎一は奈良が好きだったため、夫君のバイクの後ろに乗って奈良の興福寺などを訪れデッサンに付き合ったりもした。

しかし、時代は小嶋千鶴子を一介の書店の店主にはしておかなかった。書店主・小嶋千鶴子のもとには三重で頑張っている岡田卓也から常に連絡が入り意見交換をしていた。当時、岡田屋は津市の中央に進出、さらに一九五八年に近鉄四日市駅前に百貨店をオープンするなど成功を収めていた。

が、近鉄四日市駅前には近鉄百貨店も開業し、まさに天下分け目の決戦の様相を呈してきた時代。負けるわけにはいかないと千鶴子の商人としての血が騒いだ。三郎一も千鶴子の気持ちを察し「絵はどこでも描けるさかい」といって背中を押してくれたこともあり、住吉の家を売りはらい、一九五九年、四日市に戻ることになった。束の間の新婚生活だった。

今度は育ての親、姉としてではなく、若き経営者・卓也のブレーン（専門経営者）としての出発である。大阪・住吉の本屋での六年間はその意味では休息でもあり、次の飛躍のときへの知識吸収の充電期間でもあったのであろう。

社員たちは「ちーちゃん」（小嶋の愛称）が帰ってくると聞いただけで体が震えるぐらい緊張したという。すでにそれくらい社員から畏怖される存在だった。

## 5　業態開発とチェーン化志向——大きな目標へチャレンジ

近鉄駅前のオカダヤ百貨店は大いに繁盛した。一般の百貨店ではなく、業態をSSDDSとした。SSDDSとは、セルフ・サービス・ディスカウント・デパートメント・ストアの略である。百貨店でありながらセルフサービスであり、かつディスカウントの店である。

以前から岡田屋では仕入代金決済を現金としていた。それにより同じ商品でも他店より安く仕入れることができた。

そのおかげか、四日市市民はじめ近郷のお客様は二日に一度は岡田屋に行かないと落ち着かないとまで言われた。それくらいの繁盛である。

しかしながら、姉と弟がめざしていたのはそんなものではなかった。

岡田卓也は一九五九年に一か月間の視察のため渡米した。

当時の米国の小売業は日本とは比較にならないほど近代化しており、全米中に広がる広域のチェーンストアであった。A&P（グレート・アトランティック・アンド・パシフィック・ティー・カンパニー）は七〇〇〇～八〇〇〇店という規模であった。この小売業の姿がいずれ日本に訪れるだろうことを岡田は予期し、またそうすべきだと実感して脳裏に刻んだ。

明確な目標をもった岡田は、帰国後、四日市店の増床、伊勢オカダヤをオープン、桑名店をオープン、スーパーマーケットの橋北店、富田店、富洲原店の三店を同時オープンと本格的にスーパーマーケットに着手した。

小嶋千鶴子は、四日市に戻ると、人事をはじめとする管理部門の総責任者として日本で小売業のチェーン化をめざすという目標をもった岡田卓也を支えた。

多くの出店をさせるには、まず人材である。男女を問わず多くの社員の確保が急務だったため、小嶋は学校まわりを自ら行い、人材を集めた。

当時としては小売業で大卒の社員を採用するというのは珍しかったが、幹部候補としては、一九五七年に大卒の社員を採用、翌年にはもう一人採用した。これらの社員と幹部で構成した長期経営計画委員会を発足させ、若い幹部候補の錬成の場とした。

また、衣料品しか知らない岡田屋は初のスーパーマーケット展開に向け、社員を他店（長野のニシナ・福島のベニマル）に研修に派遣し実務を学ばせた。本人の自己申告で、手を挙げた人が選ばれた。

一九六三年には大卒者の定期採用を本格的にスタートさせた。岡田屋社内報新入社員特集によると、一九六四年の新入社員は二〇〇名。地域は北海道から鹿児島まで、大学では、関西学院大・長崎大・立命館大・岡山大・同志社大・明治大・青山学院大・早稲田大・大阪府立大・中京大・法政大・松山商科大・神戸大・三重県立大・山口大・拓殖大・静岡大・愛知学院大と一八校であるが、同じ大学から複数入社している。三重県の企業でこれだけの大卒の入社は珍しく、いかに岡田屋の知名度が高かったかうかがい知れる。

ほかにも人材を集めるため、女子社員の戦力化、パートタイマーの積極的な雇用などを行った。

広く人材を集める一方、入社してからの教育にも力を入れた。特に躾と知識に重点を置き、管理職にもそれを求めた。

もともと高かった岡田屋に対する信頼感に加え、徹底した社内教育を実施した甲斐あってか、高校からは校内のトップクラスを推薦してくるようになった。

千鶴子は女性であるが故にきめ細かく、日曜に休めない店員のために、終業後「お茶」や「お花」を習わせた。一人前にして嫁に出すための教育と躾を施したのである。これにより「嫁をもらうならオカダヤさんの店員をもらえ」というくらい評判がたった。

さらに、大量の大卒者を採用した一九六四年には高校卒の男子社員を対象にした、小売業初の企業内大学OMC（オカダヤ・マネジメント・カレッジ）を発足させた。

高校卒であっても短大卒程度の教養を身につけさせたいという千鶴子の思いである。昔のような商店の丁稚ではいけない。日本の小売業の後進性は知識の不足が原因の一つであると考えていた。生産性の向上がなければ近代化はできない。そのためには「知識」をもった社員が必要であると考えたのである。

OMCでは人間形成のための教養課程と経営学の勉強を中心に行った。経営学の教授には当時新潟大学の川崎進一教授を招いた。哲学・文学には名古屋大学の真下信一教授による勉強が行われた。その他教養・実務も含め数々のコースが設定され、優秀者には産能大へ進学させた。川崎進一教授にはその後も引き続き、経営・マネジメント面でお世話になり、その後、ジャスコ大学設立の際には学長としてご指導をいただいた。

余談であるが、小嶋は、社員食堂の食事にも気をくばり栄養とおいしさにこだわった。社員を親御さんから預かっているという感覚であろう。

岡田屋には「賄いおじさん」がおり、社員はもちろんのこと問屋さんの社員もオカダヤに納品に行くとおいしいごはんが食べられるのである。そのため、本当は一回の納品でよいのに、名古屋や大阪から電車で、朝一回、午後にもう一回来てごはんを腹いっぱい食べて帰ったという。オカダヤの飯で育ったという問屋さんの社員も多い。良い商品が品切れなくオカダヤに納品されたことは言うまでもない。

岡田屋の進撃は県内だけには留まらなかった。一九六四年一二月、愛知県の岡崎市へ進出した。

初の県外進出ということで、成功の確信はあるものの不安もある。そこで、開店のお知らせを新聞の折り込みでするのではなく、オカダヤの全社員を動員して、岡崎市・近郷も含めた世帯に一軒ごとチラシを持って訪問し、開店の運びとなった「挨拶」をして回ったのである。日露戦争の日本海海戦での東郷平八郎総司令官からの打電「皇国の興廃この一戦にあり、各員一層奮励努力せよ」のごとく、バスを何十台も動員した。後がないということで、この訪問挨拶を「Z作戦」と名付け、まさに背水の陣を敷いたのである。

もう一つ岡崎店開店に際して、特記すべきことがある。

一般的には店舗を開店する際には「披露パーティ」などをするのが通例であったが、一回きりのことではなく、長く市民に親しみ喜んでいただけることはないかと考えた。

そこで、披露パーティのかわりに岡田卓也が実施したのは、岡崎市に七〇〇〇本の桜の苗木の寄付であった。それは岡崎市の城跡付近の土手に植えられ、今では岡崎公園の桜の名所となっている。

これらにより、愛知では県外の無名企業であった岡田屋は一躍岡崎市民の知るところとなり、知名度と信用がますます高まった。

しかし、単に店舗の成功だけで満足する姉と弟ではなかった。

戦後の何もかもが不足していた時代から大きく変化し、日本経済が高度成長経済の入り口にさしかかっていた。

当時の日本では、メーカーの大量生産に対応する小売業が存在しなかった。そのため、価格決定権をメーカーがもち、小売業は下請けのような立場でしかいられなかった。そのような体制では本来の消費者へのサービスというものができない、小売業が大きくならなければいけないと、小嶋と岡田は常々考えていた。いわゆる流通革命である。

「メーカー主導から小売り主導へ」

小嶋や岡田はそれを達成する手段として、自力で大きくする他に「合併」による拡大をひそかに考え、実行に移しつつあった。すでに、伊勢の「カワムラ」、静岡県の「マルサ」、豊橋市の「浦柴屋」と業務提携・合併をし、前述した岡田屋の長期経営計画委員会と組織制度委員会が有効に機能して、業務提携・合併の精神・合併の要点、ノウハウを蓄積していたのである。

同時に兵庫のフタギとも合併に向けて新会社設立の準備委員会を発足させていた。その後、大阪のシロも加わりジャスコが設立されていくことになる。

小嶋や岡田が育った四日市には合併して大きくなった企業の前例がある。大阪紡績と三重紡績がいっしょになった「東洋紡績」（現・東洋紡）、関西急行鉄道が南海鉄道と新設合併する形でできた近畿日本鉄道（略して「近鉄」）などである。そのように手段としての合併はアメリカや先達企業には前例があったが小売業では珍しかった。小嶋も岡田も身近な歴史の教訓としてそれらを知っていたのだろう。

こうした一連の岡田屋の進撃を可能にしたのは、岡田卓也が強いリーダーシップと個性で大きな目標を掲げ、果敢にチャレンジする一方、小嶋千鶴子が猛烈な勉強のもと人事をはじめとする管理面で戦略的な制度設計を行い、強固な組織づくりをしていたことにある。両者の能力が発揮され、相乗効果となってより大きな成果を生み出していったのである。

## 6 岡田屋からジャスコへ——大きな舞台への飛躍

一九六八年、岡田屋とフタギ両社で新会社設立準備委員会を発足し、委員会の下に人事・商品・財務の各専門委員会を設置した。

岡田屋、フタギ、シロの合併においては、フタギの社長・二木一一さん（当時）が唱えられた「心と心の合併」を軸にし、人心の一致と融合を重要な課題とした。

合併のメリットはなんと言っても有為な人材が一挙に得られるということである。組織の基盤が安定し、そこにまた新しい人材が集まってくるが、とはいえ各々の企業で働いていた人がいきなり打ち解けることは難しいし、かなりの時間を要する。

その難しい部分を一手に引き受けたのが小嶋である。

「この合併は、それぞれ別の道を歩んできた三つの企業をいったんご破算にし、全く新しい組織をつくっていこうとするものであった。私の人生における正念場でもあった」

『あしあと』の中で、小嶋はこう語っている。振り返ってみても、それほどたいへんなことだったのだろう。

小嶋のリーダーシップの発揮により、人材育成を新会社の基盤に置くというコンセンサスを得た。教育、能力開発を人事制度の根幹にすえ、次々と具体的な施策を打ち出していった。人事五原則制定、合併原則七ヵ条などを制定し、さらには監督職登用資格試験、管理職登用資格試験を実施するなどしながら、「商品」「人事制度・待遇」「システム」の分野での統一を進めていった。

労働条件を統一するには、その前提となる資格制度・登用基準・評価基準・給与制度・福利厚生制度の実態を把握しなければならない。三社とも隠すことなく開陳し改善の議論をした。

小嶋は当時のことをこう話したことがある。

「あるときシロさんの女子寮を見て回った。そこでは一つの部屋に女の子が六人もいた。これでは困る、下着を替えるのにどこで替えるん？　と、社長あてに改善するよう手紙を出した。社長に会ったときに『あんたの娘さんをそこにいれておくことができるんか』と厳しく叱責したが、井上（次郎）社長はそういった実態は知らなかった」

シロには急成長の陰に手付かずの問題が山積していたのだ。

進めていくうちに大きな壁にぶつかった。三社の「用語」の意味が異なるために意思疎通がうまくゆかないのである。「用語」を統一してその意味・目的を明確にしておかないと、合併会社、被合併会社の残骸がそのまま残ることになる。それでは合併の意味がない。そこで、何よりも先に小嶋は新会社の統一用語の作成を命じ、その年の一二月ジャスコ統一用語を作成、全社員に配布して教育した。

さらには、新会社についての基本方針八ヵ条制定、女子社員の国内留学、新入社員合同オリエンテーション、第一回ジャスコ合同仕入商品検討会なども行っていった。

全社的な動きとしては、新会社の社名を社内公募により「日本ユナイテッド・ストアーズ株式会社（通称ジャスコ）」に決定、新会社の社章も社内公募によって決定した。

一方、小嶋は岡田屋では「奥さま社員（パートタイマーの前身）制度」を採用するなどチェーン化に必要と思われる人材戦略を着々と進めていった。

そして翌一九六九年、二月二一日、岡田屋・フタギ・シロによるＪＵＳＣＯ（ジャスコ）が誕生した。既存の会社はそのまま営業を続けながら、本社を大阪市福島区に置いて合併を前提の新会社を設立したのである。

小嶋は、新会社ジャスコの取締役で人事の責任者として手腕を奮う一方、社是「商業を通じて地域社会に奉仕しよう」を定め、同時に従業員の行動規範である「ジャスコの信条」と「ジャスコの誓い」を作り全従業員に配付、唱和させた。

言葉は思想であり知識である。これにより社員は新生ジャスコの誕生を理解し実感した。

同年四月には、小嶋は念願のジャスコ厚生年金基金を設立した。一九五九年に初めてアメリカの小売業を視察した際、GMS（ゼネラル・マーチャンダイズ・ストア）のシアーズ・ローバックの年金制度の存在を知り、非常な感銘を受けて以来、岡田屋でも設立したいと夢見ていた。岡田屋で導入すべくマスタープランを練っていたが、一定の規模がなければ実現できないこともあり、実現することができずにいた。

「規模の拡大こそが企業の存続を可能にし、小売業の近代化に結びつく。それがひいては多くの社員の生活も保証することになる」という信念が、ジャスコという合併会社を形成していくことになった大きな要因の一つであった。

また、小嶋は報酬について生涯賃金という捉え方をしていた。いずれ退職金制度は崩壊する。日本の年齢構成を見れば一目瞭然、その支払い時期に企業は耐えられない。そういうことを予見していた。基金の設立はその対策の一環である。

基金をもつことは、一流企業の証でもある。厚生省、大阪府庁の厳しい審査をクリアし、政府管掌の厚生年金だけではなく、基金での付加給付で構成員が厚い待遇をうけることになるからである。それに引き続き翌年にはジャスコ健康保険組合の設立も果たした。

そして、この年の七月、もう一つの特筆すべきことを行った。ジャスコの人事制度の柱ともいうべき、「ジャスコ大学」の設立である。

企業経営は集合知でなければならない。一握りのスターによる企業経営ではその限界は明らかである。そうならないためには新しい人材の発見・育成が必要となる。合併により社員の活躍舞台を広げるには知識レベルを上げなければならない。従来の経験だけではもたない。

当時の建学の精神にその要請目的が集約されているので披露しておきたい。

1. 急速に成長する流通企業は絶えざる進歩、革新を遂げなければならない。そのためには、これらの技術の基礎になる広い教養の、急速かつ組織的な獲得を必要とする。
2. これからの産業は、知識を資産としなければならない。そのためには、全社員の絶えざる研鑽を必要とする。
3. ジャスコ大学は日本の大学にない実務家教育を目的とする。

4．ジャスコ大学は新しい情報化時代に対処し、小売業をリードするスペシャリストを養成することを目的とする。
初代学長には新潟大学教授の川崎進一氏に就いていただいた。

さらに九月には、統一社内報「ジャスコピープル」を発刊、そして同月、ついにジャスコの看板を掲げた第一号の焼津店がオープンした。

一二月にはそれまで小売業にはなかった「商品試験室」を本社機構の中に設置しジャスコで販売した商品の試験をした。特にお客様からの商品苦情を受け付け、メーカー責任から販売者責任を明確にした。

それと同時に「経営監査室」を設置し経営運営のコンプライアンス、健全化を図った。これらはすべて小嶋の発案によるものであり、企業の果たすべき社会的責任の具現化であった。

そして「全ジャスコ労働組合」が発足した。

この全ジャスコ労働組合ができるまでには、たいへんな苦労があった。

実は、一九六九年の四月二九日に、合併三社のうちの一つであるシロの井上次郎社長（当時）が急逝した。それにより大きな障害に突き当たった。シロの財務状態が良くなかったのである。急成長したための歪というべきか、資金繰りの目途が立っていない状態だった。

資金ショート回避のため岡田屋の資金と岡田個人の資産もつぎ込み、とりあえずは回避したものの、それでもまだまだ危機的な状況であった。

そういった状況に将来の不安を感じたからか、一部の社員が不公平に扱われているということで、ジャスコ労働組合を結成させたのである。翌日には三社一体となったジャスコ労働組合(のちの全ジャスコ労働組合)が発足することになっていたその前日にである。結果、一つの組織に二つの組合ができるという事態になってしまった。

これは、決して好ましいことではない。いや、むしろ障害となる。

小嶋はこの事態に組織が内部崩壊する危機と感じ、それを妥協することなく、徹底的に正論で真正面から取り組んだ。

合併というそれぞれ異なる歴史と蓄積をしてきた会社を一つにするにあたって、小嶋は徹底した公平・公正さで臨んだが彼らはそう取らなかった。むしろ待遇面では遅れているところに原資を回したにもかかわらず……。

こういう問題が発生した遠因は、それまで会社の内情について従業員があまり知らされていなかったことにある。情報が正しく社員の隅々まで伝わっていないというマネジメントに問題があったのだ。

にもかかわらず小嶋はシロの従業員を中心としたジャスコ労働組合の面々に対して真摯に、時には厳しく正面から臨んだ。決して安易な妥協はしない。安易な妥協は後に禍根を残すからである。

「今思い起こしてもあのときの一途さは尋常なものではなかった」というほど、ひたすら説得し、一つにするべく努力をした。

今まで小嶋のような人物に出会ったのは初めてだったのではないだろうか。はじめは反発していたシロの従業員たちも徐々に信頼へと変わっていった。そして組合は解散し全ジャスコ労働組合に合流したのである。

ほぼ合併の準備は整い、一九七〇年に岡田屋がオカダヤチェーン、フタギ、ジャスコを正式に合併した（第一次合併）。

シロはどうしたかというと、岡田卓也の決断は、まず岡田屋とフタギが合併をして、シロは「京阪ジャスコ」として切り離し、赤字解消後にジャスコ本体と合併するというものだった。岡田はシロの井上社長が存命なら切り捨てたという。しかし逝去後それは岡田の義に反するものだった。三人で合併を誓いあった同志であったからである。卓也は「シロを見放さない」と心に決め、京阪ジャスコと社名を変更した。そして、ジャスコのグループであると明確に示し、取引先や金融機関に対して資金援助や取引の継続をお願いしてまわるなどし業績を回復させ、二年後の一九七二年に正式に合併をした。約束を果たしたのである。

## 7 ジャスコの基礎づくり――専門経営者の真価を発揮

一九七〇年に岡田屋とフタギが第一次合併をしたのち、それまで進めていた提携・合併を一挙に推進した。

東北ジャスコ設立、家電専門店の星電社との業務提携、山陽ジャスコ、西奥羽ジャスコ、カクダイジャスコ、福岡ジャスコ、大分ジャスコ、山陰ジャスコ、中国ジャスコ、ジャスコオークワ、信州ジャスコ、扇屋ジャスコ、北陸ジャスコ、伊勢甚、伊勢甚チェーンと、いわゆる地域法人が誕生した。いずもや、橘百貨店、ほていやの再建にも着手した。

この間に三菱商事と共同出資のダイヤモンドシティによる本格的なショッピングセンターが東住吉に開業、一九七一年には奈良市に日本初の百貨店とジャスコ（GMS）二核のショッピングセンターが開業した。一九七二年には、予定より早く収益が改善した京阪ジャスコが念願の合併を果たしたことは前述のとおりである。

ジャスコ本体は四本部制をとっていた。兵庫地区・関西地区・東海地区・三重地区である。おおまかに、兵庫地区は元のフタギの店舗、関西地区は元のシロ、東海地区・三重地区は岡田屋である。

ジャスコを本体としての地域法人設立には大きな意味がある。小売業は「地域産業」という特性があるため、他地域から店長で地域のお客様や買い物動向、地域行事など赴任してもただちにはわからない。

また、そこには小嶋や岡田の地域への思いがある。

「私たちのショッピングセンターは、必ずその地域の人たちとご一緒するということが原則である。ショッピングセンターの存在が一つの地域の活性化の核となり、そこに住む多くの生活者が今まで以上に便利さと魅力を感じるようになる。多くの人たちがそこへ集まってきて生活を楽しむことができるのである」

『あしあと』の中で、小嶋はそう語っている。

一方で、地域のみに固執するともすれば、トップのワンマン体制に陥りやすく、せっかく有能であっても活躍の舞台が狭くなるのも事実である。そこで、有能な人材は本部要員やジャスコグループ全体を活躍の場としてもらうようにした。

新生ジャスコ時代、四地区間と本部間、会社間の人事交流（出向）が行われた。たとえば、全国でのコンクールがある。まず各店舗でコンクールを行い、選抜者を地区コンクールで競わせ、その中の優秀者を全国四地区で競わせるという販売コンクールとチェッカーコンクールを実施した。それにより会社としての一体感と競争意識が混在して盛り上がる。

その中でチェッカーコンクールの第一位は関西地区（旧シロ）の社員が毎年のように選ばれた。旧シロの士気が上がったことは言うまでもない。

出向というと一般的には、左遷・飛ばされる・都落ちといったマイナスイメージがある。が、ジャスコでの出向は「選ばれた者」である。

オカダヤ時代、新店ができると「既存店」の女子を含む優秀者が出向として新店部門の指導者として派遣された。ジャスコでも同様にそれぞれの地区から部門ごとの優秀者が選ばれ、三重から兵庫へ、兵庫から三重というように同人数で行われた。

このような交流は合併を人的面で効果的にした。地域法人とジャスコ間でも同様である。幹部は人事本部でメンバーを選定し実施した。ジャスコから会社運営の幹部候補育成のため地域法人の役員として派遣もされた。事実、部門だけの責任を負っていたのが、会社全体の運営責任B／SとP／L責任、成長性の責任を負うことになる。まさに実地勉強である。

ジャスコ大学もジャスコ本体だけではなく、グループ全体のスペシャリスト育成の場となり、交流の場となった。

ジャスコは連邦制経営を標榜し、地域法人をつくり全国展開を目指すかたわら、専門店と海外展開にも着手した。一九七三年にはDPEと写真用品を扱うジャスフォートをミナミカラーと共同出資で設立、その後、婦人服のエミーズ、保険と不動産のジャスコ興産、韓国の大手食品メーカー味元と合弁で味元水産（現大象水産）、農牧場のジャスコ・ド・ブラジル（現ブラジャスコ農牧場）、オーストラリアのタスマニア島に伊藤萬およびR・M・I・社と共同出資でR・M・I・ジャスコ牧場（現タスマニアフィードロット）を設立した。

一九七六年には東証・大証・名証各市場第二部に上場を果たした。

同年、小嶋はジャスコ大学大学院を創立した。ジャスコ大学の上位職トップマネジメントを育成する目的で設立されたものである。経営に関する政策問題をテーマに、ケースメソッドやビジネスゲームなどの体験学習を取り入れた。発足時の教授陣は以

下のとおりである。（大学名と肩書は当時のもの）

経営計画　神戸大学教授　占部都美氏

財務管理　早稲田大学教授　青木茂男氏

労使関係と人事管理　一橋大学教授　津田真澂氏

組織開発行動科学　大阪大学教授　三隅二不二氏

経営学　東洋大学教授　川崎進一氏

労働法　明治大学教授　松岡三郎氏

マーケティング　慶応大学教授　片岡一郎氏

産業心理学　早稲田大学教授　本明寛氏

経営環境　経済学博士　林信太郎氏

広告学　早稲田大学教授　小林太三郎氏

賃金論　早稲田大学教授　西宮輝明氏

マーケティングマネジメント　神戸大学助教授　田村正紀氏

管理会計　大阪大学教授　宮本匡章氏

意思決定論　産業能率短期大学助教授　森田一寿氏

国際情勢　産業能率短期大学助教授　小林薫氏

国際問題　アジア社会問題研究所　滝田実氏
小嶋のトップマネジメントに対する勉強の方向と期待度がわかる布陣である。

少し時間がさかのぼることになるが、一九七一年に小嶋は現代でも通用する新しい働き方改革を行っている。「ニューホリディシステム」である。

小売業の特質である、日曜祝日営業、週一日の定休日の概念を破り、年間の季節指数に合わせ、月度の休暇日数を各店、各部署で決定する。単に休暇日数を決めるのではなく、前提は仕事・作業の計画である。計画に合わせて休暇を決め本人が申告する制度である。

当初は計画休暇が年間七五日、連続六日間の休暇を年二回、突然の事態に使う調整休暇一〇日、当初導入時には合計年間休暇九七日と設定した。

一九七六年には年間一二〇日、取得の方法も総労働時間という概念を導入し、休暇を一時間ごとの分割取得ができるように変更した。

たとえば2Aとは朝二時間遅れてきます。1Pとは一時間早く退出します、というつまり、フレックスタイム制である。そのため、一か月前に仕事と休暇の計画、ローテーション計画が必要となる。フレックスなのでコアタイムも必要になる。

導入時には営業から強い反発があったが、小嶋は断固として踏み切った。当時、労働基準監督署は休暇の時間取得概念がなく、就業規則を受け付けなかった。あくまで労働基準法の順守を求めたが、小嶋は労働基準法の精神を順々と説明して納得させた。

その後定休日は廃止となりフル営業が当然の時代になると、フレックスタイムを導入する他産業も増えた。それにより格段に応募人数が増加し採用活動が以前に比べて楽にできるようになった。

また、連続休暇の取得に関して、休暇の使い方として自己啓発のための「余暇活用セミナー」を開催し社員の勉強の後押しをした。これも、教育を重視する小嶋ならではだろう。

その他の人事施策としては、各種のマニュアルの整備がある。店長、商品部員、開設委員長、販売主任、商品部門マニュアルは各部門にわたり作成した。いずれのマニュアルも作成にあたっては各地区から部門の優秀者が選ばれグループで編纂した。

コンクールも先に述べた、販売コンクール、チェッカーコンクールのほか、POPコンクール、販売士制度、事務管理士制度の導入をし、従業員のボトムアップを図った。

階層別教育では社員三級のリーダークラスには、作業割当技術、OJT、リーダーシップを重点的に教育した。主任係長クラスには目標による管理、MTP等管理職前教育を施した。

課長クラスには、グリッドセミナーで自分の管理スタイルを知り、態度の変容・改善を促すものを実施した。

教育は新任時と現職、候補教育の三本ときめ細かく、各階層の職責と知識を明確にした。

チェーンストアを運営する上での実務知識を学ぶための「商業経営基礎講座1・2・3」を独自のカリキュラムで編成し定番化した。

経営者教育では、問題解決のケプナー・トリゴー（KT）セミナーを管理職全員に受講させ、そのプログラムも内製化した。社外・海外視察も積極的に行い、視野を広げさせた。国内大学への留学制度も取り入れ、慶応・早稲田のビジネススクールに派遣もした。

幹部を対象に行ったセミナーでは驚くべきことに川崎進一教授によるガルブレイスの『新しい産業国家』の輪読発表会というものがある。「テクノストラクチャー」（専門化した知識・経験を有する経営陣が企業の意思決定を行うというもの）が新生ジャスコで大量に必要であることを小嶋は予見していたのかもしれない。

ジャスコ大学の育成コースで特筆すべきは、新しい職能「コントローラー」「エデュケイター」「トレジャラー」「在庫コントローラー」「IN社員」と組織図にない職能が存在することである。IN社員とはインターナショナルの略であり今後の国際化に向けての要員養成であるが、いずれも大規模組織運営に欠かせない、ゼネラルスタッフおよびスペシャリスト群である。

人事専門経営者として、今日から見ても数々の新しい施策を行い、小嶋は一九七七年にジャスコを退任する。

二三歳で岡田屋呉服店の代表取締役になってから三八年、実に長きにわたって経営に携わってきた。弟・岡田卓也が社長になるまでの七年間は社長として、卓也の指導者役であり姉として、会社および一家を支えた。

大阪の本屋の店主として束の間の休息があったものの、一九五九年には再び岡田屋の一線に復帰、今度は管理部門の専門経営者として岡田卓也を支えた。

合併を経て新生ジャスコが誕生すると、人事責任者として実力をいかんなく発揮し合併を成功させた。ジャスコでの八年間、まるで理想とする会社の全貌が手のひらに乗っているがごとく矢継ぎ早に施策を展開した。あるときは知的参謀で、あるときは夜叉のごとくに指揮をとった。あえて困難な課題や問題に果敢に挑んだ。それは弟・岡田卓也を守るという親の姿でもあり、いま生まれたばかりのジャスコを守る守護神でもあった。

「私が全国行脚し、志を同じくする小売業の経営者たちと提携交渉に注力できたのも、千鶴子がジャスコの内部固めを一手に引き受けてくれたおかげだ。時には悪者となり、社員に厳しかった。『あんた、会社を潰す気か』と雷を落とされた幹部は多い。ジャスコの精神的な支柱だった」

岡田卓也は著書『小売業の繁栄は平和の象徴』の中でそう述べている。

小嶋なくして合併の成功はなく、さらにジャスコの将来に向けてのレールも敷き終えた。

本項の最後に、『あしあと』からの一文を引用したい。

「人事は人間を知ることから始まる。人間を知ることは人間を愛することから始まる。愛することは理解することである。よりよく知ることである。個々人は個々に違う。違うことを知ることである。一人一人について、過去どのように生きてきたかを知り、今後どのように生きていきたいかという希望を知り、今どうしているかを知り、目標をもたせることである。

人事担当者は知ることから始める。そのためには、聞くことから始める。注意深く見ることから始める。基本は、愛情である」

厳しくもあったが、その根底にはあふれんばかりの人間愛、商売愛があった。

## 8 退任後のビジョン——一〇年区切りの人生目標

小嶋は一九七七年、六〇歳にしてジャスコの役員を退任した。以前から役員の定年を六〇歳と決めていた小嶋はあっさりと未練なく実行した。このことは、役員がいつまでも役員として会社に残ることの前例をつくらないという意味を含んでいる。身をもって先例をつくったのだ。若い人たちへのバトンタッチを促す意味である。いつの世も若者の過ちよりももっと害のあるのは「老人の跋扈である」と小嶋は考えていた。

役員辞任と同時に常勤監査役に就任した。会社の目付役である。そうして、奥の院ではなく、エレベーターから降りて障害物なくその部屋に行くことができる本社の一室に移った。なぜか。奥の院にあっては社員が入りにくいと、誰もが受付などを通らずに行くことができる場所を選んだのである。

一九七七年から一九八一年の四年間を監査役として、小嶋は自分でつくったジャスコが健全性を保ちながら発展していくことを見守った。気になる点があれば、当該幹部を呼び出し状況を聞き、個人対応と組織対応の是正策を講じた。

また、ジャスコの営業政策の弱点として、販売促進策の費用対効果についての提言などもした。あるいは、商品の売れ筋と在庫の関係を計量的に把握することの意味を実証的に検証して、商品部・営業を指導した。

定期的には常務会、役員会の議事録・決裁書を監査して、なぜこういう決議となったかと問いただしたりもした。本社だけでなく、各地区の業務のオペレーション、マネジメントにも目を光らせ、原因と結果の因果関係、提案者の力量不足、視点の甘さを指摘した。名前だけの閑職監査役ではないので追及・指摘も厳しかった。

一九八一年には監査役を辞任、相談役となった。六五歳。

法的責任のない肩書となってからも、（本社に相談役室はあったかどうか記憶は薄いが）定期的に本社に出社して、監査役時代とは異なり経営指導に重点を置き、地域法人の社長・幹部の相談にあたった。特に関連子会社の若き社長の勉強会を主催して具体的な育成指導にあたった。

そのころから地域の商工会議所・商工会、商店会、公的・私的を問わず講演依頼が殺到し、それに気持ちよく応えつつも、ビジネスの第一線からは身を引いた。


小嶋は一九八九年（七三歳）ごろから陶芸を始めた。当面三〇〇〇個の作品を創ることを公言した。椿に囲まれた庭の中に、窯場と土練り作業スペースの広い工房をつくった。若いうちから絵画のコレクターとして有名であったが、陶芸作品についても収集・研究をしていたに違いない。用意周到なだけに長い構想の末の着手であったろう。陶芸の話を伺ったときには「え、なぜ陶芸?」と思ったが、小嶋の美術館パラミタミュージアムがオープンしたときにすべての謎が解けた気がした。陶芸を始めて一四年後のことである。

小嶋の作品はすべてろくろを使わない「手びねり」である。そして、釉薬は生掛けである。最初は地元の陶芸家の指導を受けたが、そのうち自分で創りはじめた。知識はもちろんであるが、土をこね、釉薬をかけ、窯に入れ、焼成をする、その繰り返しから学ぶことが最も重要であることを経営の体験から知っていたのであろう。

指導した陶芸家は「小嶋さんはすでに技術を超えた何かをもっているから、あえて技術を教えることはない。そのほうが小嶋さんの感性が出る」と言ったという。

二〇〇九年に出版された作品集『ゆびあとⅢ』の挨拶文で次のように心境を語っているので紹介しておこう。

「73歳から作陶を始めて今年で20年になりました。年々制作数は減ってはいますが、昨年は、湯呑100個、皿100個、そして花瓶30個をつくりました。長い人生の晩年を飽きもせず楽しんで暮らせますのは、支えて下さった多くの方々のおかげでございますが、ひとつにはこの土とあそび、火の力の不思議に出会い、心のままにつくりあげる陶の道を歩いたことがあったと思っております。90年余に及ぶ人生をふり返ってみると、若くして両親に別れ必死で生きた壮年期と比べて、この晩年の豊かで平穏な日常、思いがけない長寿を授かり、美しいものを集めたパラミタミュージアムの完成など、『終わり良ければすべて良し』とはこのことでしょうか。『ゆびあとⅢ』をどうぞご笑納下さいませ」

その後、小嶋は作品を器物から「陶人形」の制作に変えた。どういう心境の変化なのであろうか。いずれの作品も同じものは一つとしてない。見る人によって「これは私ではないだろうか?」と思わせるような作品もある。ふくよかで喜びに満ちた顔もあれば、失意、怒り、自信に満ちた顔もある。そう、小嶋はさまざまな人間を思い描き、創っているのだ。

作陶している小嶋は「羅漢」のようである。

二〇一一年『ゆびあとⅣ』でのあいさつでは、

「陶人形をつくりました。陶芸は七十二才から始めましたが、今年、九十五歳になり、人生の終わりに近づいて、人それぞれの生き方が少しはわかるようになりました。どんな生き方をしてもよい、どんな生き方にもよろこびも悲しみもあって、一日一日を大切に過ごせばよいのだと。土と遊びを火に焼いて『人生の縮図』をつくっています。その思いをまとめました作品集を御笑覧いただきたく存じます」

と述べている。

## 9 パラミタミュージアム──趣味の風景(夫小嶋三郎一とともに)

パラミタミュージアム(以下パラミタという)は小嶋の意思が凝縮した美術館である。個人の美術館として二〇〇三年三月に発足した。その利点は、個人の意思、個人の理念、個人の表現方法が制約を最小にして実現できると思われたからである。

一方には財政的基盤の弱さからの制約があるが、その制約があっても、この利点を重視したいから「個人の美術館にした」と言っている。パラミタの主張は、非常に純粋な芸術家の純粋な作品を展示しようというものだろう。

ここに展示されている作品は、小嶋がその作者の生き方に共鳴したものであり、その芸術性ゆえに多くの皆さまの共鳴を期待して展示しているものだ。社会的・金銭的に価値の高い作品ではなく、その点ではひたすらに芸術的価値に視点をおいている。

回遊式庭園があり、常設展示作品として、池田満寿夫の「般若心経の陶彫一三〇〇点」、夫・小嶋三郎一の数百におよぶ油彩・デッサン・パステル画を展示しているのが最大の特徴である。

池田満寿夫の般若心経シリーズ一三〇〇点を収蔵することになったいきさつについてふれておこう。池田満寿夫は著名な版画家であるが、晩年は陶彫作品を創りつづけ、なかでもこの般若心経シリーズは最晩年の代表的作品である。

小嶋はこの作品集を見て、夫君に購入の相談をしたところ大いに賛成を得て、さっそく購入交渉にあたった。池田満寿夫はすでに死去していて、その作品は佐藤陽子氏の所有のものであった。

懇請の甲斐あって佐藤陽子氏は小嶋宅を訪れ、病床中の夫君と小嶋千鶴子と一席をともにした。その後、小嶋三郎一もこの世を去り、作品を一括して保管という佐藤陽子氏の条件のもとに小嶋が購入することになった。一年以上をかけてやりとりをし、「これらの作品を展示する美術館を建てる」と約束したという。

この作品群は熱海の満陽工房で受け渡しが行われ、日本通運の静岡支店美術部の手によって梱包され、トラックに積み込まれた。いざ出発のときを迎えると、佐藤陽子氏は突然熱唱した。哀切な別れの歌であった。それはこよない愛の歌であり、挽歌であった。

そこにいた人たちはその歌に涙し、トラックはしばらくの間出発することができなかった。

ほかにも収蔵作品一つひとつに思いがありドラマがあるが、晴れて二〇〇三年三月一五日に館長・小嶋千鶴子としてパラミタはオープンした。

開館の企画展、こけら落としは二人の若手陶芸作家となった。京都の陶芸作家の大御所の孫にあたる「近藤髙広」と「内田鋼一」であった。いずれも将来を嘱望された新進若手作家である。

ここにいたっても、小嶋は若手を育てるという気持ちがあったのだろう。

## 10 姉と弟の深層――風樹の嘆

父を亡くしたとき、千鶴子は一一歳、卓也は二歳、母を亡くしたのは二〇歳と一〇歳のときである。

当時のことについて小嶋はあまり触れていないが、卓也はまだ小さく父の顔さえよく覚えていないという。母を静養先の富田浜の保養先に見舞いに行ったことは先に述べたが、その風景は松林に囲まれた閑静なところである。防風林として植えられた松林に吹く風は厳しく、鈴鹿山系からの吹き降ろしの音と海からくる海風の音はまさに、

千鶴子（写真右）100歳の祝いの席にて。卓也（写真左）と。

「韓詩外伝」の一節「樹静かならんと欲すれども風止まず、子養わんと欲すれども親待たず、往きて見るを得べからざるは親なり」を彷彿させる。親が子を思う心、子が親孝行をしたいときには親はいない。親子の心象風景そのものである。

その思いからか、岡田屋時代に、伊勢湾台風の遺児に対して「風樹会」をつくり、学校長の推薦で育英資金を贈った。のちに交通遺児など親の事情で進学を断念せざるを得ない子供たちにそれを贈り続けた。

その後、二〇一七年、卓也が設立した公益財団法人岡田文化財団の支援事業の中に「風樹会」をつくり、貧しい家庭にあって進学できない学生たちに育英資金を贈る事業を再開した。

パラミタミュージアムも、二〇〇五年四月に公益財団法人岡田文化財団に寄附し、小嶋は名誉館長に就いた。

文化・芸術を愛した両親の思い、幼くして両親を亡くした思いなどをこうした形で残し、次世代へと継がれるようにした。

二〇一八年、小嶋千鶴子一〇二歳。記録的な猛暑の中、現在も健在で、「エコノミスト」を購読している。

第2章

# 善く生きるということ

## ——小嶋千鶴子の人生哲学

1

# 自己の成長・成功のために何をなすべきか

**「成功する人は必ず自分のビジョンをもっている。そしてそれに向けて自分の中にある能力を上手に引き出している。自分のもつ潜在能力を一〇〇パーセント活用できれば、だれでも自分の思うとおりになれるということである」**

小嶋が勧める本の中で意外なとも言えるのが、大島淳一氏のものである。マーフィーの成功法則シリーズの翻訳者として有名な大島淳一氏であるが、氏によると、進化論で知られるダーウィンは「学問で成功するのは頭の良し悪しよりも、むしろ心的態度の問題である」としているという。

心的態度とは真面目、正直、勤勉とかということとは異なるある種の知識と技術なのだという。成功した実業家に共通していることは、自分の事業計画や目標が成功しているる状態をはっきりと具体的に見ることだと言っている。目標をできるだけ具体的に映像を見るようにとも付け加えている。自分の姿が大写しになったスクリーンの光景を夢見ないで俳優になったものはいないとも言われている。

要するに、単に念じることではなく、幸福や自分の成功の姿をはっきりと描き、より具体的に実行に移すことである。

岡田屋時代に行った初めてのアメリカ視察で、小嶋は日本の小売業の将来の姿をはっきり見た。

同様に岡田卓也もより具体的に流通革命が起きることを実感したに違いない。ショッピングセンター時代を予測し小売業の近代化、大規模化を実現すべくその手段として合併を選択したといえる。

やや古い本になるが、小嶋に勧められた本でジョン・W・ケンドリック、ジョン・B・ケンドリック著『「豊かさ」の自己管理術』(山根一眞監修、情報山根組訳、日本生産性本部)という本がある。それによると、幸福や成功を選ぶのは「科学」である。個人の能力を伸ばし、自己の生産性を高め、貢献し、そして精神的・物質的満足を得ること、それが幸福や成功ということだと言っている。具体的には、①時間、②資本の使い方を正しく有効に選択すること。そして、有効性は長期目標によって高めることができ、有効な投資とはつまり「教育」であると述べている。

小嶋は従業員をつかまえては、「君は自分の『教育』にどれだけお金と時間をつかっているのか？」「貯蓄はあるのか」、そして「将来にむけてどのような準備をしているか」をよく尋ねた。成功するかしないかは、何を選択し、限られた時間とお金をどう配分するか、まさにそれは知識と技術に他ならない、つまり心的態度なのである。

多くの成功した人とは終生謙虚に目標をもち学びつづけた人たちである。

小嶋は従業員に問いかけることによって、その意識を呼び覚まそうとしたのだろう。

## 2 先哲の知恵から学ぶ

**「わずか五十年で人間一人が経験できることは、たかが知れている。その代わり、私たちは先人をはじめとして自分以外の多くの人の知恵に学ぶことができる。これはわれわれ人間に与えられたすばらしい特権である」**

小嶋は人生において最も大切なことは、「よき師」をもつことである、いやもとうと思うことであるという。

人は自分だけでは生きていくことはできない。これは人類が生き延びえた歴史の教えである。人は、書物、よき友人、同僚、先生、上司、部下に支えられて生きている。

書物には先人の教えや生き方、仕事の知識・技量に関することも含めれば枚挙にいとまがないほどたくさんの学びがある。本も読まない、人の話も聞かない、それでどうして人から敬意や信頼を得られようか?

師弟の縁は教わる側が選べばよく、師の側から君を弟子として迎えようなどというような上からの関係はありえない。ましてや、師弟関係において双方向性などありえない。弟子が、師のもつ英知や技量を学び取る、「学びかた」を弟子は師から学ぶのである。

師は上司であってもよい。

ただ、師と選んだら徹底して自分なりの解釈をすることである。すると、いつか師と同じような言動をすることがある。シンクロしているのである。師と弟子とはそういう関係に至るものである。

師を本に替えてもよいが、書籍であれば徹底して読みこなす、雑誌などは継続して読むことが肝要である。

小嶋は著書『あしあと』の冒頭で御礼のことばとして多くの経営関係の先生方を挙げている。すべて、師として仰ぎ、小嶋が学んだ方々だ。

そこには掲載していないが、ビジネスはもとより東洋哲学への造詣も深い。書物においては石田梅岩や安岡正篤、清水龍瑩、E・T・ペンローズ等からもよく学んでいた。安岡正篤氏にはジャスコの連邦制経営の憲章策定にも「朱」を入れていただいたこともある。

ジャスコ大学の講座を見てもわかっていただけると思うが、膨大な書物を読みこなし、幅広い知識集団の人脈を築いていた。

# 3 長い人生のグランドデザイン

## 「あんた、私の歳まで生きたとしたらどうするの?」

この本を書いている二〇一八年八月現在、一〇二歳の小嶋の言葉は非常に重い。

人生一〇〇年といわれる時代。仮に定年六五歳で会社を辞めたとしよう。とすると、少なくともその後二〇〜三〇年の人生設計が必要となる。単なる余暇のレクリエーションだけでは過ごすことができないほどの年月だ。

問題は資金的余裕があるかどうか。そして、健康か否かだろう。それによって、全く局面は変わる。

小嶋は定年退職した後に小嶋のところに訪れた元の従業員たちに対して「あんた、私の歳まで生きたとしたらどうするの?」「これからのほうが長いから」とよく言っていたことを思い出す。

相手の自分自身へのマネジメントについての問いかけである。

小嶋は自分の健康に人一倍気を遣い、健康管理に留意する。食生活はもちろんのこと、健康診断は欠かさず行う。健康管理は、自分自身のマネジメントと考えており、社員が放縦な生活の果てに罹病したりするととても厳しい評価をする。

健康に留意しない人には会社のトップやそれに類する任に就けない。自分だけの健康ではなく、会社の運命を左右しかねないことだからである。

もう一つ大切なことは、退職してからの長い人生の生活費の確保のことである。蓄財もせず年金生活では長い人生を渡り切れないからである。

最後の一つは「過ごし方」である。何の目的も目標もなく、ただ単に生きていくというだけではそれは人生ではない。

そういったことを含めて「あんた、私の歳まで生きたとしたらどうするの？」と問いかけるのである。

六〇歳でイオンを定年退職した後の小嶋の十数年は、大雑把に言えば趣味の人生である。夫君との穏やかなひと時と小嶋の陶芸三昧、自然の草木に囲まれた生活、これまでの絵画と陶芸品、美術品等を一同に集めた私設美術館の開館などをした。さらには開館後、気に入った作家による企画展の開催などを実施した。これもひとえに経営一筋に打ち込んできた若き日の四〇年の蓄積があってのことである。

先憂後楽とは、まさにこのことであろう。

これからは、国や企業の施策はもとより、どう生きるかということを個々人が真剣に考えておかなければいけない。

もちろん、生涯現役としてビジネスをする人もいるだろうし、小嶋のように趣味の人生を送る人もいよう。ドラッカーは非営利組織の時代を予見していたが、ボランティア活動といった選択肢も広がってきたし、もちろん海外活動もありの時代になった。

小嶋の陶芸にはアマチュアの域を超えた、深い何かがあると人は言う。技量や技術ではない、習熟した達人に共通した思想性であろうかと思う。

物事に習熟するには一定の「自己効力感」と「自己主体感」が必要だとリンダ・グラットンとアンドリュー・スコットは著書『ライフ・シフト』で説いているが、一〇年ごとに自ら目標を設定し、それに真剣に取り組んできた小嶋の人生設計の見事さには皆が感服する。

人生一〇〇年の現代は、それを念頭に置いて早いうちから設計・準備をしなければいけないということだろう。

## 4 善く生きるということ

### 「勤勉がなによりも勝るな」

欲にもいろいろある。金銭欲・所有欲・名誉欲・権力欲・支配欲・保身欲などさまざまである。物的欲は眼に見えやすいが、その他は不可視欲であるだけに把握しにくい。いずれにせよ、欲のない者はいない。要は程度の問題である。節度ある欲は活動の原動力になりうるが節度を超える欲は健全な社会生活を壊す。

自己の欲のため、劣悪な労働条件で従業員を働かせ、利益確保のため取引先へ不当な要求をしたり、入札談合、品質データーの改ざん、資料の隠蔽、役人・政治家の〝記憶喪失〟、お客様への種々のごまかし、あるいは詐欺まがい商法、自己責任という名の博打商法など、欲とモラルに関する事件が多い昨今である。

もはや古典的な財貨やサービスを生む経済活動より、投資回収という名の金融経済活動が国境を越え、時間的制約もなく活動する時代である。

経営に携わる者、トップマネジメントに属する者のモラル基準が問われ、従業員にもその基準を求めて初めて、企業としての公共性が保たれるのである。

人間が人間であるゆえんは、外圧的なコントロールによらず、自己をコントロールできることにある。幼児にはできなくとも成長するに従ってそれらを身につけてゆく。大人なら尚更のことである。

自分の奔放な感情や欲望をむき出しのまま人生という長い道のりを送ることはできない。あるときは抑制し忍耐して方向を変えなければならないこともある。奔放な感情や欲望を統御する知性と理性が求められる。つまり、いかに自己をマネジメントするかという技術が必要になってくる。

善く生きるとは、世渡り上手ということではない。与えられた環境や境遇に甘えることなく、すねることもなく、与えられたものを上手に自分自身で活用する以外にない。活用とは言葉どおり活かすこと、用いることである。

ないものねだりをしたり、他人のものを欲しがったり、背伸びをすることでもなく、他人や周りに左右されることなく自己の基準をもつことだと小嶋は教えている。自己の基準とは突き詰めれば「選択基準」、「価値基準」である。何を捨て、何を選ぶか、ただそれだけのことである。

いまでも、小嶋は家事全般の費用は前もって、これでやりくりしてねとお手伝いさんに定額を渡している。特別な出費は別に予定をして自分なりにコントロールしている。

あるとき「小嶋さん、お金がたまる方法はありますか？」と聞いたことがある。

答えは「使わんことやな。それとなんと言っても〝勤勉〟がなによりも勝るな」との答えであった。至極納得させられた。

5

# 信頼の基礎は責任感と使命感

**「店長の仕事で最も重要なことは、地域での会社の代表として、お客様へのサービスと数百人の従業員を預かり責任ある仕事を任されているという使命感を持つことである」**

小嶋の店長セミナーでの発言である。

よき師をもつことと同様に大切なのが、他人との「協同」である。人は一人では何もできない。

店長は、従業員がやる気を発揮して日々の仕事に取り組めるよう、協同の成果をあげなければならない。店長が信頼されていないと部下はついていかない。多くの人々によくも悪くも影響を与える店長職を小嶋は大切にしたのである。

リーダーの役割として、ジョン・P・コッター氏は著書『幸之助論』で次のように述べている。

「謙虚で他人を尊重し、新しい経験をして勤勉で楽観的なリーダーは、良き模範になれる。結局ものごとは人々が起こすのであって、リーダーが起こすのではない。しかし良きリーダーは、社会に役立つようにグループの潜在能力を最大限にまで引きだす手助けをすることはできる。幸之助の経営に関する著作には、最も基本的だが暗黙の了解を含む前提がある。それは、もし事業を成功させたいなら、悲観的な世界観と人間の潜在能力に関する否定的な仮説は有害だということである」

もう一つ、リーダーとして人を生かし、生かされる上で大切なことは「信頼を得る」ということである。信頼を得て初めてリーダーシップは発揮される。信頼が育っていないところでは大きな事柄は任せられないし、みんなの協力を得ることができない。命令する者とされる者、支配する者と支配される者の関係になってしまうからである。

では、信頼の基礎は何か。それは、責任感があるかないかである。

責任とは広さと深さで表現することができるが、これは人それぞれに異なる。他人事と思えるようなことでも、自分の責任として動ける人は信頼に値する。また、責任の意味を深く掘り下げまっとうしようとする姿勢は尊敬できる。責任感が強い人には相当のことが可能になる。要は肩書よりも責任を重んじる人に人はついていき、ともに何かを成し遂げることができる。

ジャスコ時代、ある店で大きな苦情・トラブルがあった。苦情は相手先の納得を得るというある意味厄介な事件であった。店長のNは何度も何度も相手と話をしたが納得いただけず、店頭で相手方に土下座をして謝ったがそれでも済まなかった。Nの土下座は買い物客の目にもさらされたが、それでも続けた。

その結果、相手から「もうええわ」とお許しを得た。Nはそのことに社内で一切ふれることもなかった。

「Nはえらいやっちゃな」と小嶋の言葉である。

その後、Nは会社の枢要な職位を歴任した。問題を解決したという手柄ではなく、責任感の強さを買われたのである。その責任感からNは他者から敬意をもって遇され、敬愛する部下も多かった。「私はN学校の生徒です」というやや自慢げな話をいまだにする者もいる。

何かを成し遂げるというのは、そういうことなのである。

# 6

# 純度の高い自己基準をもつ

## 「低い基準で妥協するとのちのち体質が弱くなってくる。会社もそうだし個人ならなおさらである、厳しいぐらいでちょうど良い」

終戦直後、岡田屋は店の復興ができるまで退職金を払って従業員を一時解雇した。解雇後も真面目に過ごしていた者がほとんどであったが、当時はモノがなく、闇市が儲かり横行していた時代である。商品について熟知している元従業員の一部もそれに手を染め、あぶく銭を得ていた者もいた。

ところが、徐々に経済が安定してくると、復職を願い出てきた者がいた。がしかし、小嶋は決して闇市に手を出していた者たちの復職を認めなかった。

同様のことが、ジャスコ時代にもあった。バブルめいた時代の中、一時の誘いに負け転職したものの、景気が悪くなってまた採用してほしいという者たちである。

このときもハッキリと断り、採用してはならぬと部下にも厳命した。要は、「いいとこ鳥」という渡り鳥で、モラルなき人たちである。一度去った人物を再度雇用することはなかったし、退職を願い出た社員を引き留めることはなかった。去る者追わずというのが人事の基本である。

小嶋は倫理観の希薄な人、動機の不純な人、基準の低い人に対してはとても厳しいので有名である。会社の従業員はもちろんのこと、他社の関係者でも同様で、特に上位職に対しては厳しく、合併当初これらの人は要職に就けなかった。よく知らない人たちからは三社合併で岡田屋出身の者を重用する、差別であると非難もあったが、頑として受け付けなかった。特に、博打好き、酒飲み、業者との癒着が疑われる者、異常な追随者（上に対して忖度する人）、異性との交遊好きなど当然と言えば当然である。

だが、基準がゆるい会社はおかしいと思わないか、思っていても排除できないのである。

「ごみ箱がない部屋は汚れる。会社も同じや。ごみはごみとして処理しないと、腐ったりんごは一つ放置するとみんな腐る。これも人事の大切な仕事や」と人事担当者会議の席でよく言ったものである。

事実、合併当初は懲戒事案が多かった。それまで放置されていたことや見逃していたことが、基準が厳しくなり露呈したのである。

小嶋はその点、自己が無私、純潔であるだけに不純な者に容赦はなかった。不正には厳罰をもって処した。企業側の法的責任はもとより、働く人の側にも厳しく義務を求めたのである。

# 7 知って行わなければ知らないのと同じ

**「いつでも大変動の可能性は覚悟していなければならない。そのとき自分たちの経験だけに頼って乗り切ろうとしても非常な困難が伴う。だからこそ先人の知恵や経験あるいは歴史に学ぶことが必要になってくる」**

小嶋は戦争について語ったことはほとんどない。自分だけが遭遇した事柄ではないし、財貨はもとより、心のありようも含めて、誰もがなんらかを喪失したからだと思う。戦争は個人ではどうあがいても抗しようがなく、誰も幸せにはしないことは確かである。

小嶋は戦争を含めて、危機に学んだこととして、三つ挙げている。第一に情報の大切さ。第二に知ったことは実行すること。そして、第三に危機に備えて準備しておくということである。

戦時中の情報統制下にあって、反戦・厭戦的なことを言う者はすぐ憲兵に引っ張られた。そんな時代に「もうすぐ戦争は負ける」ということを知らせてくれた懇意の新聞記者がいた。

小嶋は風評や政府の発表だけに頼らず、その新聞記者の言っていることを自分自身で吟味した結果、戦争が終わると判断した。さらに預金が閉鎖されることを見越して母が残してくれた預金をすべて下ろした。これがのちの岡田屋の復興資金になったという。その経験から、知識や情報は、単に知っているだけではダメで即実行することが重要であるということを学んだ。実行にはリスクを伴うこともあるが、実行して初めて結果につながるからである。

ところで危機への準備であるが、小嶋はそのときどう対応するか、日頃から意識的に情報収集をし、さらにそれらを鵜呑みにしない自分自身の判断能力と即実行する行動力を身につけておくことしかないという。

ここに、知ってはいるが実行することの困難さを語る逸話がある。

昔、白楽天が道林という高僧に、「仏教の極意はなにか？」と問うと、道林は「悪いことはしないように、良いことはつとめてこれを行い、いつもきれいな心を持つ。これが仏教の教えだ」と答えた。

するとと白楽天は、「そんなことは三歳の子供でも知っている」と言うと、これに対し道林は「三歳の子供が知っていても、八〇歳の老人もこれを行うことは難しい」と答えた。白楽天はこれに感服しおそれいって引き下がった。

つまり、仏教は教えることでなく、知って行うことなのだということだろう。

# 8 女性が男社会で生き抜くには

## 「四〇過ぎれば、みな同じやな」

小嶋は岡田屋時代、日本もアメリカと同様に女性の社会進出が今後大きくなると予見していた。いわゆるM型での社会進出である。

M型とは、Mの字の谷にあたるVのところは子育て時代で、子育て以前には社会に出て、子育て中は一度退き、それが過ぎるとまた社会復帰をするということである。まだ日本ではパートタイマーという言葉がない時代に、小嶋はこれら子育てを終了した人の募集を実施した。「奥様社員」という呼称であったがすごい反響で、小嶋の狙いどおり、高学歴の奥様がたくさん応募してきた。

当時女子社員といえば独身女性で、結婚と同時に退社するのが通例であった。使う側の管理職社員の意識も低く、戸惑いも多かった時代で、奥様社員の方を「おばちゃん」と呼んでプライドを傷つけ問題となったこともあるが、それだけ先進的な取り組みであった。

それから数年後、小嶋は大卒女子の大量採用に踏み切った。小売業ではとても珍しく、当時大学側の反対も多かった。小嶋を訪ねた新聞記者などは「女性の人事担当常務だから女性の採用に熱心ですね」とか、「(同性に)理解がありますね」と言ったりもした。小嶋はそれに対し、「あんた世の中をもっと勉強せなあかん。私が女性だからといってなんにも関係あらへん」と不愉快そうに応対していた。

小嶋は一貫してそのような観点での策は用いない。意欲と能力の基準を満たしていれば、性別、国籍、年齢、学歴に関係なく、採用や任用・登用を行った。

それどころかウーマンリブの風潮にも賛同しなかったし、男社会とやたら競争する女性を好まないなど、むしろある意味では女性に厳しかった。また、女性であることを理由した「甘え」、「逃げ」にも同情しなかった。活躍しているフリをする女性にも厳しい視線を送った。

小嶋の女性人脈にはある種の一貫性がある。能力を有していること、一目置かれている人、尊敬できる何かをもっていることなどだろうか。例を挙げれば政治家・尾崎行雄氏の三女で日本のNGOのパイオニアといわれる相馬雪香氏、截金師で人間国宝の江里佐代子氏などで、いわゆる男社会で競争しようなどと思ってもいない人たちで実力の備わった方たちである。

しかし、そういった小嶋の考え方は、男女の差を全くなくすということではない。出産の前後と育児期間、復職については手厚い国の保護と企業の理解が必要であることは十分に配慮をした。

さらに、小嶋は高齢化社会における老老介護問題にも自分の経験も踏まえて次のように言及している。

「一般に女性の寿命が長いことから、夫の介護をしなければならない可能性が高く、女性が一生の終盤でそれをすることはいかがなものか。それこそ国家がやらないと女性が悲惨な人生を送ることになる」と。

社会で生き抜く力については、要は、能力と意欲の問題で、男も女も同じということである。冒頭の言葉はある事件を起こした女子社員の処分の際に発した言葉である。

「なあ東海君、男も女も四〇過ぎればみな同じやな。仕事もやるけど悪いこともするし、浮気もするし、ええ時代といえばそうなのだが」

人としてどう自律するかをあらためて考えるときなのかもしれない。

## 9 数をこなすと質に変化する

**「良いも悪いも関係なくたくさんのものを観ることやな。そうしているうちに良いもの、悪いものが峻別できるようになる。とにかく数をたくさん見ることや」**

これは私の「美術とか芸術とかを見る眼を肥やすにはどうしたらよいか」という問

いへの小嶋の答えである。続けて小嶋は、「銀座の画廊を端から端まで一軒ごとに見てごらん。美術館の企画展、常設展、百貨店の美術展など、とにかく数を見ることやわな」と、そのうちにいわゆる眼が肥えてくるということを教えてくれた。

小嶋は日頃から売上高ではなく、客数・品種ごとの売れ行き数というように数量にこだわった。

情報についても同様のことが言えるのではないだろうか。どのように情報を得るかというのも大きな問題だが、全体の動きとは別に、たしかな情報をどう得るか、得た情報の正確さを検証する眼を養っておくことはもっと重要な問題だ。そのためには不断の知識の収集が必要となってくる。

本を読み、新聞を読み、人の話をよく聞く。その中から本当に価値ある情報は何かを見極める判断力を養っていく。先述の三つ目の要素、危機に備えて準備しておくということの〝準備〟とはそのことも含めての準備である。

小嶋は神戸大学の平井泰太郎教授から第一次世界大戦後のドイツの状況をつぶさに聞き、さらに本も読んで学んでいた。そのため、第二次世界大戦後、敗戦した日本がどうなっていくかを分析し、即行動に移すことができた。

また、小嶋は新聞五紙を読むことを日課にしていた。五紙読むと、一つの出来事を別の角度から書いている新聞に気がつくことがある。そこから、すべてを自分で熟慮し判断するチカラを涵養するのである。雑誌であれば継続して読み、書物も鵜呑みにすることなく、徹底して読みこなす。

それにより本当に価値ある情報を得ることができ、それが危機に際して質の高い知識の準備となるのである。

## 10

# 仕事の意味づけをする

**「人事教育の仕事はおもしろいわ。人はなぜ働くのかということを一生のテーマで研究したら博士になれる（笑）」**


私は外商からの転勤で岡田屋の人事教育部に配属された。人事教育部は怖いところと聞いていたし、何か悪いことをしたのかと思っていた矢先の小嶋の言葉である。

人が生きる意味に一様の解はないが、人生において大きなウエイトを占めるのが働いている時間である。働く意味はマズローの欲求五段階説に置き換えると理解しやすい。

まず、第一段階では仕事は生活のためである。第二段階で安定した仕事に就きたい、第三段階で、仕事をして社会の一員として活動したいとなり、第四段階で仕事で自分を認められたい、そして最後の第五段階になってこの仕事をやり遂げたい等というようになる。

先述のケンドリックによれば、経営者であれ労働者であれ、職場を選択するにあたっては、〝発展性のある会社〟を選ぶことが重要であるという。〝発展性のある会社〟とは、会社全体の生産性および実質賃金を高められるような労働環境を整えてくれる会社のことである。

その中で、働く個人の生産性（端的に言えば報酬や待遇）を高めるための直接的・間接的な方法を四つ提示している。一つ目には常に精神状態を肯定的に保つこと。つまり肯定的な人生観や職業観、人間観をもつことだとしている。否定的な精神状態からは何事に対しても良い結果は生まれないからである。二つ目には一生懸命かつ効率的に働くことである。三つ目には知識とノウハウの増加を図ること、すなわち自己啓発と自己学習によって自己の能力を高めることだとしている。四つ目には個人的友好関係を保つこと、働く仲間たちや地域社会の人たちとの友好関係を築く努力をすることとしている。

個人だけではなく一家全体に及ぼす影響を考えれば、働く個人の生産性を高めることは人生の最重要領域であることは確かだ。それをいかに意味づけていくか。それが成長の秘訣であろう。

小嶋にとってはそれが「人はなぜ働くのか」ということだったのかもしれない。

## 11 変革期こそチャンス

「人間は、すぐ安住してしまうという弱さをもっているのである。どうすれば自分を安定したところにおけるかと考えてしまう。ベテランといわれる人ほどその傾向が強い。自分が今まで身につけてきたものを絶対とする錯覚がある。狭い局面しか見られない。そのような〝専門家〟が企業の将来に禍根を残すことになる。企業は停滞期に入ってしまう。

**それをもう一度、根本から壊して、新しい創業をしなければならない時期に来ているのではないか。日本の国自体もまた、このような成熟した社会になって、もう一度新しい困難が起きているようである。それをどのように克服していくかは、私たち国民全員の課題だと思う」**

仕事は人生において大きな意味をもつ。

かつて仕事の必要能力と言えば主に「身体能力」、いわゆる肉体労働であったが、今日ではそれ相応の知識と技術が必要な時代となった。それも日進月歩の変容である。さらには日本国内の競争ではなく、姿も見えない、どこか遠くの国の人たちと競争しているかもしれない。働く個人への質的要求もシビアになることは避けられない。

バブルがはじけて二十数年の間で企業環境は一変した。終身雇用の崩壊、企業年金崩壊、賃金の横ばいまたは実質賃金の低下、派遣労働の拡大、固定化、過重労働の恒常化、トップダウン経営による思考停止化、役職定年という戦力外通告、定年という強制退去……。

人生設計が立てにくい状況にある。

一方、地方では、労働人口の減少によって経済基盤の崩壊が深刻になっている。採用がままならないことによる廃業や継承者がなく廃業する企業、小売店舗の相次ぐ廃業による買い物難民の発生、被介護人口に対して少なすぎる介護の担い手など、アンバランスが生じていることも事実である。

見方を変えれば、これは働く場・機会の到来でもある。

スクラップ・アンド・ビルドをするくらいの気概で立ち向かいたいものである。

# 第3章

# トップと幹部に求め続けたもの

## ――小嶋千鶴子の経営哲学

# 1 現場は宝の山

## 「問題あらへんか?」

小嶋が店巡回や従業員と会ったときの一声である。

濃紺の伊勢木綿のスーツ姿で、髪は後ろに束ね、ガッチリとした体形の眼光するどいおばさんが声をかけるから、かけられたほうはびっくりする。知っている人は直立不動、緊張で顔が引きつり、知らない人はけげんな顔で「誰? この人?」となる。

とにかく、「厳しい人」というのが小嶋千鶴子の印象である。子供と一般女性にはやさしいが男と上位職の女性にはめっぽう厳しい。社外の経営者や幹部に対してもその厳しさは変わらない。褒められた人は稀で、叱られた人のほうが圧倒的に多い。厳父という言葉はあるが、たとえて言うならまさに厳母である。

「問題あらへんか?」という言葉かけで、仕事で困っていること、お客様からの苦情、商品の品切れ、上司・部下の問題などはもちろんのこと、私的なことでも何か問題を抱えていないか聞き出す。そして手を差し伸べようとする。細やかな配慮、このときはまさに慈母である。

とにかく、従業員に真面目な「関心」を示すから、たとえそれで叱られたとしても当人は「見ていてくれている」という安心感を抱く。

この「問題あらへんか？」には、多くの意味がある。

一つは、現場の問題への意識・関心を探ること。

二つ目は、その従業員の状況を把握をすること。

そして、三つ目がその従業員に当事者意識をもたせるというものだ。

小嶋は根っからの経営者であると同時に商人である。商人は「お客様」と直接の接点をもつ店の設備・商品・従業員すべてにおいて「店は客のためにある」が実行されていなくてはならない。したがって「店」には問題もあり宝もあることを熟知している。経営のすべての行為が結実したところが「店」であり、経営のスタートも「店」である。だから、現場へ直接切り込んでいく。

質問された従業員は安易に「問題ありません」と応えようものならたいへんである。ああそうかでは済まない。「(問題が)ないことはない。この社員は問題意識が低い」となる。そして、次から次と質問攻めになり、つい本音を言ってしまう。そして問題の核心にせまる。

本質的な問題は何か？　この従業員固有のものか、それともこの店、この部門のことなのか、全社的な問題なのか、上司は承知しているのか等、問題の根本原因を特定しようとする。

さらに本社に帰ってから必要部署に対して、「こんなことがあった。知っているか」と問いただす。商品知識がなかったとすると能力開発部長を呼び、「こういう部門で何年次の社員にはどんな教育をしているか」とカリキュラムを持ってこさせて点検する。商品知識マニュアルの内容を検証する。教えていないのか、彼・彼女自身の勉強不足なのかを追求する。そしてその対策を立てる。

小嶋は店とお客様、店と本社、お客様と従業員の遊離を最も恐れた。お客様を忘れた会社は生き残れないことを肌で知っていたからである。それを起こさないための、「問題あらへんか？」による検索である。

また「問題あらへんか？」はその従業員が何らかの問題を抱えていて、仕事に集中できない状況に陥っていないかどうかの質問でもある。

ある日の朝、私が出社するとすぐ小嶋から電話がかかってきた。

「東海君、岡崎店のAさんの個人ファイルを持ってきてください」というのですぐに持ってかけつけると、小嶋はまず履歴書に目を通し、次に直近の自己申告書を読んだ。そこには、奥さんが病気で困っていること、治療をしているもののなかなか治らないこと、どこかに良い医者がいないか探していることなどが書かれていた。

それを読むとすぐジャスコ健康保険組合の嘱託医に電話をかけ、その病気について詳しく尋ね、専門医や病院の紹介を受けた。そこからさらに懇意にしている大学病院の教授に電話をかけ、その道の権威を紹介してもらっていた。

ほかにも子育ての悩み、年老いた親の面倒をみなければならないため転勤を希望する人など、本人だけでは解決できないことには親身に対応した。

さらに、「何か問題はないか」と尋ねられ、それについて考えているとき、その従業員は少なくともその間は当事者になると小嶋から教えてもらった。そのため、特に役員や管理職への「問題あらへんか？」は詰問に近い。その答えによって相手の力量をも見る、いわば臨時の面接試験でもある。つい、気の利いたようなことを言おうものなら、すぐに気づかれ「あほか、あんた勉強が足らんな」と叱られてしまう。

一般の従業員であっても、会社の問題を自分の問題として捉え、どう解決を図っていくかを考えるきっかけになる。

たったひと言でそれらすべてを果たすのが小嶋の「問題あらへんか？」なのである。

# 2

# 考えるチカラをなくした職場は悲惨

**「人はどんなときによく働くのか。愉快なときに働くのである。人間は、人から認められたとき愉快になるのである」**

日本では五〇〇〇万人を超える人が企業という職場で働いている。そしてそこでは給与という富の分配が行われ、組織上の権限という権力の分配、地位という名誉の分配が行われている。

そして、人が会社で費やす時間を考えれば、働く人々の人生を会社が決めているとになるといってもいいだろう。だから経営者と幹部の責任は重いのである。

しかし、経営者や幹部は、どれほど「職場」の実態を把握しているであろうか。あるいはそれを想像できているであろうか。実際のところ、生産活動の側面だけしか見ていないのではないだろうか。

小売業には特質が二つある。一つは協働の場ということ、もう一つは職場がほとんど売場として開放されているということである。工場のように閉鎖した職場ではないのである。

小売業での売上の三要素として〝人気〟、〝天気〟、〝元気〟というものがある。やや冗談めいているが、ある意味本質を突いている。活気のない売場にお客様はこないし、不愉快である。作業の邪魔と言わんばかりに通るお客様に挨拶もせず、「考えるのは私ではない」と黙々と決められた場所にただ商品を陳列する。時間がくれば退社して一日が終わり、そして翌日も同じことの繰り返し……。

経営者や幹部はそんな職場を想像したことがあるのだろうか？　考えるのは本部で、実行はあなた。これでは、生産性は上がるかもしれないが、機械と変わらなくなってしまう。

これは小売業に限ったことではなく、どこにでもある最近の光景なのかもしれない。失われた二〇年と称されるトンネルを抜けた先の姿が、今日の職場環境である。過度な労働、陰湿ないじめ、弱者への思いやりの欠如、反対意見へのむき出しの敵意、攻撃、不寛容、無気力、無関心等々。職場環境での出来事は広く社会に蔓延し、社会全体を暗くする。

考えるチカラをなくした職場は悲惨だ。いま一度、人間の能力は無限という視点に立って、人々が活きる職場について経営者や幹部や考えてみてほしい。

## 3

# 理想の会社を追い求めて

**「規模の拡大こそが企業の存続を可能にし、かつ小売業の近代化に結びつく。それがひいては多くの社員の生活をも保証することになる」**

小嶋はジャスコを退任後、各地で講演に招かれることが多かった。経営者・幹部が集まる席では「本日は経営者の皆様がお集まりとのことですが、最初にお断りをしておきますが、私の話は、金儲けの話ではありません。しっかり儲けてベンツにでも乗ろうと思っている方は参考になりません」といった言葉から始める。

小嶋の会社観には社会機関としての会社、公器としての会社という概念がある。そのため、経営にも公益性・社会性を求め、さらには今日で言うところの公益資本主義的要素を追求していたように思う。会社はそれぞれの目的をもち、財とサービスを提供する経済活動を行うことによって収益を得る。規模の大小にかかわらずそのようにして社会に存在するからには、直接・間接に公共的施設等の恩恵を受ける。

経営者や資本家が自己の会社だといって好き勝手し放題をして社会規範から逸脱す

れば社会から反撃をうけ、退場させられる。

したがって、それらを運営する経営者にはそれ相応の見識を有し、かつ社会一般の倫理基準より高いものを求められて当然と考えている。会社が大きくなれば必然的に資本と経営の分離が行われる。資本は株式の公開等によって多数の株主が存在するようになる。経営は、それぞれの部門の専門経営者と専門管理者による運営がなされるようになる。専門経営者や専門管理者は知識労働者で構成され、将来はテクノクラートによって運営されると見越している。ガルブレイスのいう新しい産業国家のイメージである。

小嶋は長い間、小売業者が組織管理の知識をもたなかったために、産業たりえなかった事実を骨身にしみて知っている。小売業者が零細なために、小売業者の総売上高よりも、卸売業者の売上高が多かった時代が長く続いた。つまり、卸売業者がダムの役目をはたして、小さな商店に少量ずつ商品を販売していたということである。

大規模小売業への夢はアメリカ視察によってより強固なものになったが、それを実行する組織管理のマネジメントを急務とし、人事専門経営者としての道を進むことになった。

過去いくつかの大企業があっという間に崩壊していく様は、すべて組織管理上のミスを看過した結果である。経営者の健全な会社運営の理念と組織管理の健全な運営は不可欠であると考えたのである。

企業に対して小嶋は二つの面からとらえている。「経営」と「人」である。経営は目的があり戦略をもち組織を編成する。組織体とはすなわち構造と機能で構成され、有機体として合理的・有用的に活動するため役割編成として経営者、経営層、管理者層、監督者層、一般層と層別に階層をつくる。したがって層ごとに当然求められるものが異なる。

求められるものを明確にすることが階層の要諦であり、社内教育の柱はこの階層別教育のカリキュラムにかかっている。上からの意思や方針、下からの報告や要請など上下間の遺漏や齟齬のないコミュニケーションこそが最も重要で、それは建物で言えば、「通し柱」であろうか。

もう一つは人である。人にはさらに二つの側面がある。一つは個人そのもので、もう一つは会社で組織体の一員として活動する組織人としての人である。いずれも深い人間理解と愛情が必要である。人間の行動科学的側面である。

人はだれもが一人で複数の役を担っている。たとえば家庭では伴侶であったり、子供の親であったり、地域社会の一員としての個人としての役割もある。一方会社では組織人としての役割をもつ。これらは相互に影響をすることは言うまでもなく、そのため小嶋は家庭的な問題であっても申し出があれば援助を惜しまなかった。親の病気の看護、妻や子供の病気などで心配事があれば、異動でかなえたり、先述のように専門医を紹介するなど丁寧に対応した。これらは本人の責ではないからである。

一方、組織人としての個人に対しては厳しかった。無理難題を言う厳しさではなく、質的に求める基準が高く、凡庸な仕事ぶりや起案には容赦はなかった。

とにかく勉強せよという。仕事は単なる収入を得るためのものではなく、能力を必要とする。能力がなくては優れた仕事はできず、人間的な成長もない。それと、「経営視点でモノを見よ」と組織人に求めるのが常であった。

たとえば、人事教育のメンバーに対して、八〇年代にのぞむ人事担当者の役割と称しての「檄文」がある。

「ジャスコは今日大組織になった。それは組織管理の知識・技術の教育に一歩を先んじたからである。このことを忘れてはならない。この特長を失ってはならない。しかし、営業力強化のための知識・技術の革新に遅れをとったことは事実である。そして、今やその遅れを取り返すチャンスは来た。社員全体が、その必要を痛感しているからだ。今、人事は立ち上がって知識と技術の革新の先頭に立たなければならない。自ら知り、自ら研究し、自ら会得し、自ら教えうるようにしなければならない。そして組織管理と営業力のいずれも強くたくましく、人間尊重風土を併せもつジャスコになること、それを八〇年代のわが社の姿にしなければならない。それは時至れば、国際社会に通用するジャスコになる道程である。まず我が国流通業界の名実ともにトップグループになろう。（中略）ジャスコは、最終的には、世界の流通業のトップグループになり、より多くの人に奉仕する道を目標としたい。今、切実な目標は、とりもなおさず営業力の強化だ。現実目標は、人事担当者が思想革新をして今の教育カリキュラムを見直し、少なくとも今年中に人事担当者全員がマーケテイング技術、中でもマーケットリサーチの技術をマスターし、それを教えられるレベルになってほしいのである」

一九八〇年二月のもので、いまから三八年前、小嶋六三歳のときである。ジャスコをイオンに代えればいまでも通用する。人事職が何をなすべきか、狭い部門の視野ではなく、人事が先頭に立てと激をとばしているのである。それは小嶋が為してきた人事への自負でもあり、後継者への期待でもある。

## 4 会社は社会の機関である──根幹となる哲学

### 「つまるところ会社は社会の一員として社会と暗黙の契約をしているという認識が必要である」

どんな会社であっても顧客を有している以上、規模の大小・業種にかかわらず、社会の一員である。個人事業であれ法人であれ、社会の機関として財貨とサービスを提供し、その対価を頂戴することになる。

さらに継続的にその行為を行うことを「業」と言い、小売業・製造業であってもそれは同じだ。

学園祭で屋台をやるような一回きりのものは業と言わないし、特別の制約を受けることはない。しかし社会の機関と規定するならトップをはじめとして従業員もそれ相応の制約を受けることになる。

制約とは、法的・倫理的にもである。法的にはもちろんだが、倫理にもとる行為で顧客の反撃を受けることになり、経営の生命を絶たれることもある。特に、昨今はそういったケースも多い。したがって会社経営において最も心すべきことは、健全な思想・健全な価値観をもち、健全な運営を行い、社会的責任を果たすことだ。

これは、個人生活でも同じで、精神的にも肉体的にも健康でなければ生命は維持できない。無知蒙昧で放縦な生活は、いずれ破綻を招き、人生を棒にふることになる。また、「業」であるからには、永続的に成長・発展する施策を必要とする。短期的なものの見方であったり、自分の与えられた期間だけの使命、自分の手柄や出世の追求だけであったりしては困る。

トップや幹部は成長を阻害する要因を排除し、健全な組織文化、DNAを醸成しなければならない役目を負う。よく働き、よく考える訓練された従業員によって商品とサービスを提供し、継続的に組織的に個別案件ごとに必要な教育を施し、従業員の潜在能力を開花させ、変化を好ましいものと受け止め、果敢にチャレンジする従業員の育成につとめなければならない。今日の決定は明日活躍する従業員によって担保される。成長責任と将来のための利益の確保は経営者にとって最重要責任である。もちろん幹部も働く従業員にも程度の差はあれそれを求められる。

会社は社会の機関なのであるから、重々そのことを心していただきたい。

# 5 蓄積された眼に見えない資産

**「経営者が会社を自分の描く組織に適合させていこうとするとき、何より早く手をつけなければならないのが、実はこの見えざる資産の蓄積なのである」**

小嶋も岡田も社会的信頼の構築という点においてはとても敏感で、長期的な思考をしていた。いわゆる費用や小手先のテクニックで考えない、長期投資、社会還元、社会的責任、継続的というキーワードでものごとを考えている。

一九六九年、第一次合併さえ果たしていない地方の一小売業であった岡田屋時代に行った三菱商事との合弁会社の設立をはじめ、蝶理、三菱レイヨン等から幹部を迎え入れ規模の拡大を図ったのは、脆弱な企業から脱皮すると同時に、一定の社会的信頼を得ることでもあった。これもまた見えない資産である。

また、小売業で初めての「商品試験室」、「経営監査室」の設置など、会社自らの「自浄作用機関・装置」をもつなどもお客様との信頼を築くためのその好例であろう。

さらに、のちの公益財団法人イオン環境財団やイオン1%クラブ、公益財団法人岡田文化財団などもしかりで、これらの活動は創業者独自のアイデンティティと言ってもいいだろう。

これらはすべて「見えない資産」、B/Sに記載されない信用資産である。一朝一夕に築けるものではなく、またお金を出して買えるものでもない。長期的視野に立って、日々の蓄積が必要なものなのである。

# 6 社会的信頼の構築

**「何をするにしても、その会社や人に対して一定の信頼がないと何も達成できない」**

個人も企業も「信頼」なくして大きな事は成しえない。狭義では信用といってもよいだろう。小嶋や岡田は商家の生まれであり、信用が大切ということは骨身にしみて熟知している。

「戦前から『岡田屋さん』と呼ばれた岡田屋の『暖簾』は、千鶴子によって守られた。四日市の空襲の時にやっとのことで持ち出した行李にあった紙に『岡田屋の商品券をご持参の方は現金とお引き換え致します』と書き、市内各所に貼って歩いた。売るモノがない以上お客さまには現金をお返しした。また仕立てなどの預かり品も、戦災を免れた京都で買い求め、すべて現物で弁済した」

（岡田卓也著『私の履歴書 小売業の繁栄は平和の象徴』日本経済新聞社より）

前章でも述べたが、小嶋はここまで信用を大事にし、岡田卓也もそれを学んだ。岡田屋時代には、岡田屋に預ければよく育ててくれると親御さんや高校の先生からの評価を得ていたし、岡田屋の女子社員ならお嫁さんにほしいとの問い合わせも多かった。厳しい社員教育、ルールの徹底といった人事施策が、社会的な信頼を得ていたのである。

のちに合併し、ジャスコとなってもジャスコの社員はよく勉強している、人事がしっかりしていると、その社会的評価は変わらなかった。商売は下手と言われたが（笑）。

小売業は日々の信用獲得競争である。正しい商い、正しい従業員の行為によって成立している。お客様との関係、取引先との関係といった会社としての信用はもとより、従業員同士の人間関係においても信頼で成立していることが望ましい。

7

## マネジメントのレバレッジ効果

### 「生産性の低い会社・職場に共通しているのはマネジメント不在か、有効に働いていない場合がほとんどである」

目的をもち、組織活動によってより良い成果を継続的にあげていくには、マネジメントが必要不可欠である。マネジメントは思想であり、知識であり、技術であり、実践である。そして全体に関わる一切の統合活動、企業の生命維持活動である。

小嶋は早くからマネジメントの重要性について着目していた。小さな商店経営、家業的経営から企業的経営への変遷過程で生じる諸問題、たとえば、よく売れているにもかかわらず利益の蓄積がないとか、採用してもすぐに辞めてしまう、いつまでも経営の不安定が続くなどこれらはすべてマネジメントの問題であると認識していた。

ほかにも、事故多発、不正、モラール低下、不平不満の蔓延、病気、ことなかれ主義、指示待ち、言い訳、他者責任、決裁放棄・放置、追随、見ざる・言わざる・聞かざる、無関心、責任感欠如、派閥、いさかい、チャレンジ意欲喪失……。

それらの現象を些末なこととして放置し対処を怠ると、生活習慣病と同じく徐々に進行を早め、結果として慢性的な業績不振、生産性の低下を招く。いずれは複合病となり生命の危機に瀕し、社会からの退場を余儀なくされる。

ある会社では、年間に六〇〇〇人採用して六〇〇〇人辞めていくという事実を採用の手法が悪いせいだとしているが、そうではない。会社としての全体の問題、マネジメント不在、稚拙さの問題だ。

ジャスコ創立時代、ある地区での退職率がとても高かった。その原因を突き止めるため勉強会を開いたところ、アメリカのあるチェーンストアでの文献があった。

その会社では、退職時に面接を実施して真の理由を聞いたところ、それまで気が付かなかった会社の諸問題が提起された。早速改善したところ大幅に離職率は低下した。

そこで、その会社では退職者面接を制度にし、さらに退職者が気兼ねなく真の退職理由を言えるよう直接の上司のさらに上司が面接を行うようにしたという。

それにならい、ジャスコでは退職願（届）に退職面接をつけることになり、離職率の問題は大幅に改善された。

このようにマネジメントは知識であり、技術であり、実践することが重要である。

# 8 脇が甘くなる趣味と私事

**「部下を誘ってゴルフにいくなどはトップ失格や。趣味は人知れずやるか、会社を辞めてからすればよい」**


人間の世の中であるから、気の合う者、合わない者が、自然発生的に出てくるのもある程度やむを得ない。しかし、行き過ぎると、フォーマルの組織がインフォーマル組織に入れ替わることが起きる。

企業を社会の機関とするなら、そこで働く従業員もすべての行為は「公」でなければばならない。私事は極力持ち込まないのがルールであり、けじめである。それがプロの集団であり、私事の集まりである仲間とは異なる。

特にトップや幹部が心すべきことは、会社内に「趣味」や「私事」を持ち込まないことである。

よくTVドラマなどで社長室にゴルフクラブが置いてあり、有名人との写真が飾ってあることがある。自ら私はゴルフが好きですといわんばかりに。

これがなぜいけないかというと、社内外を問わず他人が付け入るスキをつくるからである。

「将を射んと欲すれば、まず馬を射よ」で、人間の弱いところを相手は突いてくる。社内的には「趣味閥」をつくる。趣味に興じているうちに秘匿すべき情報が洩れ、メンバーはその利を得ようと動き、トラの威を借る狐が大勢誕生する。やがて、威光を借りて自分に有利な策に奔走する。趣味のメンバーは忖度してますます私事に拍車をかけ、やがてトップは公と私の区別がマヒしてくる。そして、悪貨が良貨を駆逐して真っ当な社員のモラールは低下する。さらに悪循環は延々と続く……。

どこか別世界で起きているような気がするかもしれないが、どこにでも起きうる現実である。趣味と私事は脇を甘くすると心したい。

## 9

# 失敗を寛容する心が人を育てる

**「打率三割は良いほうである。七割の失敗は当然である。本人が失敗を隠したり、一回の失敗で意気阻喪したりさせないことである」**

人生に失敗はつきものである。企業経営とて同じで、失敗のない事業などありはしない。ただその失敗の内容が問題で、ここを注意深く分析する必要がある。

直接原因、間接原因は何か、外部要因なのか内部要因なのか、あるいは本人の能力不足か、不注意か、事故か事件かの峻別も必要になってくる。

気を付けなければいけないことは、誰がそれを起こしたのかといった犯人捜しで終わってしまわないということである。これに終始することが最も多いのが一般的であるが、実はこれが一番組織の精神を弱くする。

もう一つ大切なことは、業績不振と失敗の関係である。ある部門がその長の失敗の連続で業績不振に陥った場合と、業績不振の部門に任命した長がなかなか業績を回復させられない場合である。

明らかに前者は失敗であるかもしれないが、後者はどうであろうか？　また、前者の場合でも、その失敗の原因は外部的要因によるもので、本人の能力や施策によるものではないという場合にはなかなか判断に迷うことがある。

さらに言えば、前者も後者もその任命責任についてもしっかりとした判断を要する。その処遇のいかんを従業員が見ているからである。

甘い処置をすれば組織が緩み、業績への寄与度や貢献度は希薄になり、凡庸な基準をもつようになる。また、厳しすぎる処置をとれば、上は何も現場の苦労を見てくれていない、どうせ我々は使い捨てなのだ……と、職場は傷をなめあうことになる。起用・登用する人への関心もさることながら、降壇（左遷や降格）する人を見て、我が身の将来を予見したりもする。

誤解のないように言っておくが、強みを失い情熱を失い、生産性をあげることができないリーダーに合わせて、組織を編成せよと言っているのではない。たとえ、失敗したとしても再教育をし、捲土重来のチャンスを与えることが、長期的に見て組織全体の利益にかなうと言いたいだけである。

一九八一年「オートラマライフ」というマツダ、フォードとの提携による新しい車の販売チャネルを新規事業でつくったことがある。各地の販売会社の社長を社内公募したところ、多くの幹部と社員が現業に支障が出るほど応募してきた。一九八八年には黒字に転換したが初代の「フェステバ」に続くヒット車が出ず最終的には撤退を余儀なくされた。各社の社長は各地域での有能幹部であり、撤退後五名は別の社長職で活躍し捲土重来を果たした。そのうちの一人はジャスコの沖縄店開設店長、その後沖縄ジャスコの社長となり定年後は趣味の陶芸に励んでいる。別のS氏は撤退後、会社を退職し、独立し自分で自動車販売会社を経営している。現在でも小嶋、岡田、元の同僚たちとの交遊を続けている。

特に新規事業は成功よりも失敗が多く、小嶋も岡田もそれを経験し、熟知しているから失敗後も本人の意思次第で再挑戦の機会を与えているのである。

小嶋は企業も個人も失敗はつきもの、万一失敗しても「復元力」があるかどうかが決め手であるという。失敗を恐れるあまり、革新やチャレンジする勇気が失われる企業風土が一番怖いというのである。

また、岡田は公言していないが、幹部に対して三回までは失敗を許すという基準を持っていたように感じる。事実、複数回チャンスを得て、見事に成果をあげた人が多く存在した。懐の深い任用の仕方である。

## 10

# 不正には厳

「不正に対する処断について、われわれはどちらかといえば、人間尊重の精神に照らして結論を出しがちだが、それはどうも誤りのようである。（中略）人事担当者は、ある意味では、掃除屋でなければならない」

さて、不正への処し方であるが、当然のことであるが「甘い」処置は命取りになる。不正の看過や甘い処置はシロアリのようなもので、いつの間にか組織の構造・機能を失わせる。不正を働いた者は、その事実について三割程度しか吐露しないというデーターがある。峻厳に対処しないと、大事件に発展し、社会問題となり会社の信用を大きく失墜することにもなりかねない。

不正事件には多くの細かい事前兆候が存在する。早期にそのことに気づき対策を講じることが人にとっても、会社にとっても大切なことである。不正は起きうるものとして、その対策として牽制制度を組織や業務処理に組み込んでおくという予防策を講じる必要がある。これは会社の責任でもある。

前にも述べたが、ジャスコの創成期にはいわゆる不正事件が続いた。小売業の宿命というか、商品とお金が多い職場であるため、それに関する事件が多かった。摘発する体制、発覚する体制が整ったこと、不正とする基準が厳しくなったことなども不正事件がふえた理由であろう。

この種のことで一番困難なのは、事故か事件かの峻別・区別がつかない場合である。意図的か偶然なのか。

詳細は割愛するが、かつて小嶋を非常に悩ませた出来事があった。架空のリース契約をめぐる不正に巻き込まれたのである。電算処理を委託している会社とリース会社による架空リース契約の納品先が当社であった。

電算処理会社が倒産したことで発覚したのだが、問題は当社の電算処理担当の準役員クラスの人物が、単に巻き込まれただけなのか、それとも積極的に関与したのかどうか。当該担当はベテランかつ有能で、事件がなければすぐ役員となるような人物であった。

果たして事件か事故か。

相手の会社がすでに倒産していることもあり、調査は困難を極めた。難しい判断であるが彼の立場からすれば無関与では済まされない。

結論としては、彼の自主退職となった。小嶋にしては珍しい処置であったがもっとも適切な処置であったと思う。

また小嶋からこんな話を聞いたこともある。

「昔、店がとっても繁盛して、銀行に持っていく売上金を数えるのが面倒なので、南京袋に詰め込んで銀行に持っていくような時代があった。勤務を終えて帰る際にどうも歩き方がおかしい子がいるので、『あんた足どうしたんやね。また大きな靴を履いて』と言ったら、その子が慌てて走り出し、靴を残していったのでその靴を見たら靴底にお札がいっぱい敷いてある。毎日こうして運んでいたらしい。即刻クビにしたら、そこのお父さんとお母さんに泣いてクビにしないでくれと懇願され、みんなも許してやってと言うたけど、私は頑として受け付けなかった。そうしたらのちにそこのお父さんお母さんが来て『あのとき辞めさせられてよかった。許して勤めていてもろくな者にならん。あれ以来真面目に働くようになった』と感謝されたわ（笑）」

その処置は非常に難しいものではあるが、不正には厳罰で臨むことが一番であることを小嶋は経験的に知っているのである。

# 11 競争優位の戦略

「他社のどこでもやっているような二番煎じ案ではいずれ会社は衰退する。よく練った独自案こそが会社を成長させるカギである」

小嶋や岡田のなすことを観察すると、①人まねより先進性を尊ぶ、②経済性より優位性を考える、③コンセンサスよりインパクトの有無を考える、この三つを挙げることができる。

先進性・先鞭性であるがこれは変化の先取りということである。二番煎じは嫌なのである。三社の合併にはじまる小売業による大型合併の先鞭を切ったのも先進性によるものだ。

また、人事制度では小売業初のジャスコ大学を開校した。

さらには早くから海外に進出し、オーストラリアのタスマニア島で牧場経営へと乗り出した。おいしいタスマニアアビーフのステーキとローストビーフが店頭で人気を博しており、いまその果実を手にしている。他の人のまねは嫌いで、とにかく独自性を好む。一般的にあるものであれば、それをアレンジして独自のものとするのである。

二つ目の優位性であるが、単なる経済性（たとえばコスト）だけでものを考えるのではなく、ほかよりも「優位性」がそこにあるかどうかを考える。

三つ目は先進性と相通ずるものであるが、行動の源泉に社外にも社内にもある種のインパクトがあることを大事にしている。その意思決定には当然リスクを伴い、一種の覚悟と勇気がいるが、インパクトがあるものは、事の大きさ、重要性、新奇さ、意外さとして社内外に驚きをもって迎えられる。一九六九年の三菱商事との合弁会社による大型本格的ショッピングセンターの開発など、インパクトは絶大だった。

ジャスコでは競合他社に先駆け、早くから出店戦略をショピングセンターに切り替えている。つまり単独店出店ではなく、他の専門店と共同でショピングセンターを構成しているのである。そして立地は郊外である。ジャスコは人よりもたぬきやキツネが多いところに出店し、話題になりインパクトを与えた。

これらは競争優位の源泉をどこに置き、どこに資源を集中させるか、すなわち競争優位の戦略にほかならないのである。

# 12 短期より長期適合性

## 「今日の糧という問題ではなくて、明日の糧というわけです」

ここに、ある設備産業ともいうべき企業の例を挙げよう。

ここのトップは建物に徹底して投資をする。普通の会社だと建物は二〇年もたせればよいと考える。しかし、安上りの建物や設備は早く老朽化が進み、修繕費がかさむ。さらに二〇年もつはずのところが、実際には一五年で使いものにならなくなる。そうなれば当然除却しなければならない。

ここの会社は、きちんとしたものを造り、日頃からしっかりしたメンテナンスを行えば、四〇年は確実に生産設備としてその機能を果たせることを経験上知っている。だから当初は投資が多く、償却費がかさむため会計士などは反対するが、頑として受け付けない。

そして、会計上の償却は法的償却を行うが申告財務諸表とは別に、財務諸表を実態上に焼き直しをさせる……つまり本当の実力評価を管理会計上独自で行うのである。

私がここで取り上げたいのは長期の視点をもち、形式上ではなく、真の実態評価を独自でするという厳しい経営姿勢である。

小嶋の人づくりはまさにこのように長期的視野に立って行っている。経営組織は、死という生身の人間の限界を乗り越える手段である。したがって、自らを存続させえない組織は失敗である。つまり、明日のマネジメントを担う人材を今日用意しておかねば明日はない。

ある特殊な技術をもっていたおかげで営業成績をあげていた会社がある。創業社長ともいうべき前社長は新しい技術を開発し、全国展開を果たすべく大手の経営幹部をスカウトし、大手企業を顧客にもった。その後も業容を拡大し、幹部教育や社員教育も熱心に行っていた。

しかし突然、社長が死んでしまった。引き継いだ後任社長は、スカウトした幹部を追い出し、一切の教育を廃止した。結果はまだ出ていないが、この会社は数年先に存続しているだろうか。

ここで思い出したことがある。

「技能や知恵は、簡単に買い求められる日用品とはわけが違う。企業が涵養すべき資質なのだ。従業員を積極的に育てようとしている会社は、既存の能力を利用しようとするだけの会社よりも、はるかに有利である」というのは、ジョン・P・コッターの『幸之助論』の一節である。

長期的視野に立脚してこそ、「投資」「人材育成」「革新」「マーケティング」が実践味を帯びてくる。何もなさず今日の水準を維持していくだけの企業は、明日の変化に生き残ることはできないのである。

13

# イノベーターの芽を摘まない

**「企業の発展力を維持していくために、どうしても欠くことができないのは、システムを創造できる人材である」**

組織や制度は劣化するのが常である。現実にそぐわないことが起きるし、法や制度は本来的な機能は保守的・管理的なものである。

しかし、制度は守ったが会社はそれによって潰れたではお話にならない。企業規模が大きくなるにつれ、官僚的、手続的になる。それは致し方ないとしても、手続きに終始し、次第に目的を忘れるようになる、いわゆる大企業病にならないことが重要だ。そのためには、常に点検し、手入れをして、組織を改廃・整備しないと制度は機能しないと心得る必要がある。

さらに、必要なときには制度そのものにメスを入れ、大規模な改革、新しいシステムの創造をもいとわない人材がいなければならない。

経験から言うと、人事専門経営者が不在になると、五年でその組織と構成員は劣化、要員は枯渇し、一〇年で手の打ちようがなくなる。

かといって、いつまでもトップダウンだけではそれもいけない。短期的にはトップダウン経営は良いかもしれないが、長期的に見れば行き詰まることは眼に見えている。その風土から生まれてくるのは頭と手足を分離した多くの実施者と追随者だけだからである。そうしてますますトップダウン経営に拍車をかけ、指示されたことしかやらなくなる。

結果的にイノベーターは生まれない。

そういう意味で言えば、革新を阻害する要因はトップダウン経営である。一番の保守的人間はトップダウン経営のトップ自身かもしれない。

維持機能だけの官僚化された組織の中ではイノベーターは生まれない。また、革新もなされることはない。発展力に必要なのは、何よりもイノベーターなのである。

# 14 起案権限

## 「君には起案権限がある。どうしたいか、どう改善したいか、起案せよ」

起案権限とは聞きなれない言葉かもしれない。

小売業は他産業に比べて、技術革新などの恩恵をあまり受けない産業である。新技術などで一発逆転などほぼありえない。半面、人の心の革新によって日々提供する商品もサービスも改善しお客様に喜んでいただくことができるという、極めて人間的な産業である。だからこそ、その特質を活かしきることが、経営者や管理者に求められる。心の革新を必要とするのである。

心の革新とは、傍観者や単なる作業員でなく、お客様の立場に立ち、あるいは会社の経済的活動の面に立ち、広く社会の変化を売場というお客様との接点で、意識的観察を行うことによってより多くの提案や起案をする当事者としての心の持ち方への革新なのである。

小嶋は、正規の稟議書や決済伺い書だけではなく、提案制度やQCサークル、改善運動、論文コンテストなどでそれを実現しようとした。従業員を当事者に変革させるのである。

さらに起案にあたっては、小嶋は口頭での提案や起案はあまり好まず、文章を好む。文書には二つの効用・理由があり、一つは当然ながら、即時の返答をする必要がなく、またいつでも何度でも吟味検討ができる点である。

もう一つの効用は、起案している本人は書くことによって熟考し、目的や背景やメリットやリスクなどを整理し、どうしたら取り上げてもらえるかと考える。すでに書く過程で当事者として心の変容が始まるのである。

「君には起案権限がある。それを行使しないのは、一種の職務放棄である。指示待ち人間がどれだけいても役に立たない。自ら起案せよ」と、そこまで言って小嶋は檄を飛ばし、心の革新を起こそうとした。それが傍観者から当事者にする秘訣なのだろう。

# 15

# 成長責任を負う

**「強い組織をめざすなら、少々の痛みを伴っても、根元的なところから変革していかなくてはならない」**

企業経営は当然結果を求められる。特に、財務諸表というインジケーターによって評価を受ける。ここに一つの落とし穴がある。

なぜなら、財務諸表というインジケーターによる評価は、一定の期間評価であり活動状態の一時評価に過ぎないからである。したがって期間評価を上げるために、売上を盛り、明日の投資・利益まで抑え込むといったことがしばしば起きる。経費計上すべきところを資産勘定に置き換え、経費を先送り（飛ばし）し、損失の隠蔽をするなどいわゆる不正会計である。

財務諸表による評価が下がることよりもっと企業をむしばむ行為は、明日のための投資（設備投資・人材育成投資など）を抑制または削減するような施策をとることである。

ジャスコ時代、ある地区はジャスコにおけるドミナントエリアであったが、そこを担当した専務は一切の出店投資や投資ともとれる支出をカットした。乾いたタオルを絞り切ったのだ。

確かに利益は出したが数年後にそのエリアの収益は激減し、他社との競合に後れを取った。後任職は苦労して復元に数年を要した。

同様のことがある地域法人にもあった。短期の数字責任を果たすため出店投資が遅れたのである。それまでその地区においてはリーディングカンパニーであったにもかかわらず、新興勢力によって凌駕され、結果として巻き返しに数十年を要することになった。つまり、トップや幹部が負うべき義務は、経営の長期視点に立っての成長責任である。

企業経営はつまるところ、「資本の増殖活動」である。予算を達成するか否かではないし、ましてや低い予算を達成しても意味がない。基本は収支と資産の回転による増加なのである。

特に辞令で動く経営者や幹部は、短期の数字責任と成長責任とのはざまで葛藤するだろうが、このことをよくよく心すべきである。

# 16 根回し調整不要論

**「根回しや調整済みはろくな案ではない。もっと角ばった案はないのか？」**

そもそも戦略とは傾斜的、鋭角であるべきで、調和を重んじるあまり丸くなってこまっていないかということには留意が必要だ。

特に意思決定会議など、会社の規模が大きくなるほど事前調整を済ませた案件が多くなることがある。会議そのものが形式化・形骸化し、果ては責任の所在すらなくなってくる。

小嶋は根回しが嫌いである。たとえば人事異動案を常務会に出すとした場合、普通なら前もって該当セクションに調整を図るのであるが、全くそれをしない。そうすると、ほとんどは原案どおりであったが、たまに常務会で激論になることがある。そうなっても、「それでよい、そのための会議なのだから」と、平気な顔をして帰ってくる。

同様に稟議書に多くの協議先や意見、印鑑がついていることも嫌った。調整の都度、当初の案から丸くなり、目玉政策でなくなるからである。そうした、調和を重視するあまり、カドもインパクトもなく丸くなった案を嫌った。

このことを知らない人たちには小嶋がワンマンであるというように映るらしい。が、全員が賛成する案件など本来ありえない。喧々諤々議すればよく、そして結果責任を負って意思決定をすればよいのである。小賢しい根回しなど不必要なのである。

嘘のような話がある。あるA幹部が稟議書を持って会社のナンバー2に承認の印鑑をもらいに行ったが、いろいろ説明してもなかなか印鑑をついてくれない。そうして最後にそのナンバー2はA幹部にむかって、「ところでこの案件のことは社長は承認しているのか?」と聞くので、「はい、同意いただいています」と言ったところ、「君、それを一番先に言わなければダメじゃないか! 時間の無駄じゃないか」と言ってすぐ印鑑を押したということである。

## 17

# 良質なDNAを創る

### 「良い組織風土をつくることはトップの最たる責任である」

人に人格があるように会社にもそれぞれ「社格・社柄」がある。社風、企業文化、企業カラーと言ってもいいだろう。

社風の根幹・核となるものは、創業者の人生観・経営観・人間観などいわゆる価値観である。加えて経営者の生い立ち、失敗・成功などから得た教訓、経験値が存在する。つまり、歴史である。歴史には示唆すべき諸要素が含まれていることが多く、その意味では社史は宝庫であり、成功のキーファクターを解き明かすのに使用できる。

さらには、その周りを取り巻く国を含めた地域、業界、業種、規模、適用法律、国の政策、競争状態などは直接間接にかかわらず社風形成に大きくかかわってくる。

そして、それぞれの会社・組織に性質や特性を包含した社風・企業文化が生まれる。つまり、一種のムラ社会が誕生する。大きくは、業界ムラ、圧力団体ムラ、小さくは会社ムラ、会社の中にも職種ムラや支店ムラや派閥ムラなどが存在しそれぞれにオキテが生まれる。

この社風や企業文化は、眼に見えない「空気」「不文律」としてよくも悪くも、構成員に作用する。程度の差はあれ促進要因になる場合と阻害要因になる場合がある。

その会社に適合しない人や価値観が異なる人をはじき出す排他的作用をもったり、同質化してイノベーターの芽を摘み、アイデアが生まれず、組織の不活性化を招き、悪い場合には不正の温床となる。

社風や企業文化というのは空気や不文律であるからなかなか気づきにくく、狡猾な者は意図的にその空気を利用したりもする。

企業において一番怖いのは、会社ムラの論理が一般社会から乖離することである。一般社会から見て、おかしいことが会社ムラでは当たり前に行われるのである。人の見えないところで手抜き、品質操作、改ざんなどが平気でなされる。つまり「顧客」不在である。

企業は顧客があって存在するが、彼らの論理は会社優先で顧客は後という真逆の論理になっている。

従業員との乖離も起きる。会社への期待をなくしたモノ言わぬ従業員との乖離である。滅びゆく会社では優秀な人材から先に離れていくというのは自然の理で、要は見限られるのである。トップはその兆候に気が付きにくく、またたとえ気が付いてもそれを認めようとしない。なぜなら小さなムラ社会の長だからである。

トップは日頃どうしても二次情報に接することになる。だからこそ、一次情報を得る最善の機会である店舗巡回時に、小嶋は「なんか問題あらへんか?」、岡田は「どうや?」と、口ぐせであるがごとく声をかけてまわった。

トップ幹部に必要なのは「真摯さ」と「聞くチカラ」である。積極的に傾聴する姿勢が重要で、声をかけられた、聞いてもらえたというだけで、従業員は満足し、仕事が前向きになる。

最後にこの章の締めくくりとして小嶋の著作『あしあと』の一節を披露しておこう。

「会社の風土が未来志向であれば、その風土はさらに発展力を生み出し、良き循環となる。期待や希望があれば、仮に多少の不満があったとしても、それがことさら大きな問題になることはない。しかし、いったんこの循環に狂いが生じると、時間経過とともに業績が悪化し、企業は老化の道をたどる。必然的に社内は不平不満が充満してくる。したがって人事政策の基本は、会社の中に良き風土を創造し、それいる。を維持浸透させることである。『自分たちの会社は間違いなく社会に貢献している。だから誇りをもって仕事ができる。』このように考える社員が多ければ、これは会社にとって大きな強みである。社員に共通する精神面でのよりどころが、会社としての総合力を発揮させることになる」

第4章

# 人が組織をつくる

## ——小嶋千鶴子の人事哲学

1

# 小嶋の経営・人事の特性

**「組織を活性化するためには、共有しなければならないものが三つある。同じ情報の共有、同じ目的の共有、そして同じ結果の共有である」**

小嶋の経営人事の特徴は「表に出す」。良いことも悪いことも出し、コッソリやらないことである。悪いことはコッソリやるのが普通であるが、これを続けると不信の種となり、疑心暗鬼を産む。なので良いことも悪いことも、できるだけ公表し全員に周知させる。たとえば、政策発表会において今期の人事政策を発表し、幹部に徹底して周知させる。

小嶋は、何事においても方針と実施に一貫性があるので齟齬矛盾がなく、それを徹底する。そして実施したことを必ず検証する。言いっぱなしにせず、裏どりをする。わからないことや納得のいかないことがあれば、勉強して知識を得て、実施する。それはまるで臨床医のようである。

人事の仕事は採用に始まり採用に終わるというほど採用は重要なものだが、小嶋はこの採用に関してもしっかりと検証する。たとえば、新入社員の採用面接をした場合、この人物は事業部長までいけるとか、商品部長になれるとか、理由とともに具体的に記入をしておく。そして、数年後、機会あるごとに「個人ファイル」を見ては、現状と比べるのである。この検証の積み重ねが、小嶋の勘となっていく。

あるとき、警察から電話があった。当社の社員A君を逮捕したので、本当に社員であるか確認してほしいというのだ。小嶋は、「東海君、Aのファイルを持ってくるように。そんな奴、誰が採用したんや？」と怒鳴った。ファイルを見ておとなしくなったので、「面接したのは誰でした？」と聞いたところ、「私やったわ」と照れ笑いしながら「採用は難しい。やっぱりな」とひとりで納得していた。

これは笑い話だが、採用は一種の賭けのようなものである。小嶋はそれすらも裏どりを怠らず、徹底して検証していく。

流通業界指導者の渥美俊一先生に「伸びる企業に必要なコンシステンシィ（一貫性・厳正なこと）つまり、決めたことを絶対に実行する、徹底させるという企業内においてみんなが嫌がることを徹底してやった」と言わしめたほどである。

方針を明確にし、周知させ、徹底して実行するという、企業経営者にとってかけがえのない資質が小嶋の経営・人事の特性である。

2

# 人事の基本は発展力の確保

**「人事政策を策定していくうえで、最初に心しなければならないことは、企業の発展力の確保である。発展力のあるところでは、人々が自己の能力を発揮する場への期待がある」**

人間は自発的な意思で働くとき、本当に満足できる仕事をする。与えられた仕事をやるのと、自分の意思でやるものとでは感激が違う、感激が資産になると小嶋は言う。つまり、役に立っているという効力感、達成感が良き循環を生む。

させられているという屈辱感や無力感で本当に生産性があがるだろうか。顧客に対して満足のいくサービスが提供できるだろうか。これほど明白なのになぜ今日のような「ブラック企業」が生まれるのであろうか？

経営の三要素は人・モノ・金というがこれは並列ではない。モノ・金はそれだけであれば、それだけのものである。人はモノ・金を資源として有効資産に変換できる。

利益は、資産の回転によってしか生まれない。回転は売上によって生じる。これが大原則である。

この最も大切な人をおろそかにしたら経営も社会も成り立たないことは自明の理である。

人事セクションやトップ、幹部は期待や希望のある、未来志向の企業風土を育成することにチカラを入れるべき理由がここにある。

## 3 保守的人間の排除

**「人事政策を推進していく場合、まず注意してほしいのは、会社の中枢部に保守的な人間をおいてはならないということである。〝保守〟と〝経験〟は混同されやすい一面をもっているが、この二つは似て非なるもので、基本的には全く別個のものである」**

人事政策の要諦は、変化に対応する人材の育成である。企業には変化を好ましいこと考え、変化を先取りし、変化を予見して施策に反映させる人材が必要である。

ともすれば人間は安定・安寧を求め、現在をよしとするところがある。しかし、人間社会において唯一確実なのは、「変化」である。

変化に適応できない企業は滅んでいくというのは自然の摂理であり、地球上の生物の歴史を見てもそれはわかる。塩野七生氏は人類の歴史は衰退と危機の克服の歴史だったという。革新を恐れ、失敗を恐れ、臆病な企業は取り残される。そして衰退を迎える。

そのため、変化に適応できる人材の育成は急務である。

一方で、注意しなければいけないのが、保守的人間の存在だ。

保守的人間とはどういった人物か。これを見分けるのはなかなか困難である。一見忠誠者のごとく振る舞い、革新や新提案に巧妙にブレーキをかける。変化しないように根回しをする。そしてトップにこう進言するのだ。「時期尚早」、「情報不足」、「実験してから」、「前例がない」、「みんなの合意を得てから」、「予算がない」、「利益が出ない」……。できない理由ばかりもっともらしく並べる。

それは意図的に行う場合と無意識に行う場合がある。意図的な場合は保身が多いが、無意識の場合には、本来的な性質でもあるから余計に始末に負えない。

小嶋は、「保守的な人間の経験は、決して創造を生み出すことはない」とまで言う。保守的な人間は身近に置かない、これに尽きる。

# 4 上がれば下がる、下がれば上がる

## 「欲しいときに採ったらあかん」

小嶋は平たく言えば「あまのじゃく」である。素直に、「そうやな」と言ったことがない。「そうかー？　こういう案もあるけどなぁ」と全く反対側から意見を述べることが多い。

バブル時代、ジャスコはバブルに踊ることはなかった。ほとんどの会社は本業を忘れ、株や土地への投資に浮かれていたが、ジャスコは世間知らずのごとく本業に徹した。岡田家の遺訓「上がれば下がる、下がれば上がる」を実践した岡田卓也のかじ取りはもちろんのこと、小嶋が投げかけるアンチテーゼのおかげもあったのだろう。

人事の教訓として紹介したい失敗談がある。

「欲しいときに採らない」とは採用のことである。ジャスコ設立当時の人材層は役員クラスを除きいまで言う執行役員（参与）クラスは八人、上級部長（参事）は二〇人ほど、次に続く管理層（副参事）も人数はいるものの歳は若く、三五～四〇歳の参事候補クラスが圧倒的に少なかった。

そこで全国的に幹部中間採用を実施した。応募者は多く、最終的に二〇人ほど採用した。ほとんど同業者は採らず、他産業の管理職で、肩書は立派な人たちであった。ところが、採用後三年間、この人たちはほとんど使いものにならなかった。このことの教訓が前掲の「欲しいときに採らない」である。この教訓は日頃から良い人物は採用して、教育し、事あるときに備えておけということでもある。欲しいからということで、どうしても基準が甘くなるし、肩書に惑わされ本当の実力を見極めることができなくなるのである。

反対にイオンになってから新規定期採用をしなくなった時代がある。これに対して小嶋は「〝景気や業績〟に左右されて新規採用をしないのは愚の骨頂である」と叱責した。途絶えるとどこかで歪がくる。その歪はいつまでも続くことを知っているからである。

これは人生においても言える。物事は作用と反作用で成り立ち、上がれば下がる、下がれば上がるし、右に大きく振れれば、左に振れ戻す。陰が陽になり、陽が陰となる場合もある。人の長所・短所とて同じである。

ということは、不幸のときに極度に落ち込む必要はなく、また幸のときに有頂天になることもない。禍福は糾える縄のごとしである。

## 5 エンパワーメントの本質

### 「人事政策の基本は人間の質の見分けはもちろんのこと、質そのものの向上をめざして推進していかなくてはならない」

人は多面的で複雑である。性格の違いもあれば、能力の違いもある。価値観が異なるのは当たり前だし、今日と明日とで違う場合さえある。組み合わせの適性もある。

職場はある意味、舞台である。役割演技をする場で、人事はその役にピッタリの役者を選び、また役者に合わせて役づくりをしたりする。水戸黄門の役者よりうっかり八兵衛役の人品が劣るわけではなく、単なる役割であって、みんな役に徹するプロの集団である。

職場とて同じである。アマチュアがいては成立しない。そのために会社は訓練を施しその役づくりを支援する。また自己啓発を求めるのである。

合併当初、本社にK君という若者がいた。各部署にコピー機がなかった時代、K君の仕事は各部署から依頼をうけ、コピー、大量の場合には軽印刷をする係であった。あるとき、人事本部にコピーを届けに来たK君に対して小嶋は「K君、いつから君はこの仕事をしている？　もうベテランやからK君特有の業があったら聞かせてくれへんか？」と声をかけた。

K君は会社のトップから声をかけてもらったこと、まして「ベテランやから」と言われたことなどあるわけがなく、顔を紅潮させながらとうとうと苦労話を交えながら小嶋に訴えるように話して帰っていった。

それからというものK君はこういう工夫をしてみました、こんな出来栄えになりましたと、まるで友達であるがごとくたびたび人事本部を訪れるようになった。今までK君をバカにしていた他部署の社員もK君に対してある種の敬意を払うようになったことは言うまでもない。
トップのひと言で、プロをつくり、さらに啓発させることができるのである。

## 6 教育こそ最大の福祉

**「私自身も地方の小売屋でおりましたが、猛勉強をして、人事管理についても一応の自信を持って仕事をできるまでに努力をいたしました。町の小売屋から専門技術を持つ専門経営者としての道の選択でございました」**

小嶋は早くからの大卒社員の採用、女性の社会進出を見越した「奥様社員制度」の導入などを図り、徹底した社内教育を実施した。

「かつて小売業に従事するものは、賃金も低く、労働条件も悪く、社会的にはいつも低いところに位置付けられていた。また日本の商業が後進的といわれたのも、小売業に、知識の不足という弱みがあったからである」

そう著書『あしあと』で言っているように、小売業の近代化のための方策として、教育を重視した。

小嶋自身も、高等女学校を卒業して東京の学校への進学を希望し、その予定でもあったが、先に述べた不幸によって断念を余儀なくされた。

これは憶測ではあるが、小嶋の教育にかける思い、執念ともいえるほどの熱心さは、心の根底に果たされなかった自分自身の勉強への思いがあるような気がしてならない。

「目標をもつこと」、「勉強すること」は彼女の口癖である。ことあるごとに「いま、どんな本を読んでいるんや」、「将来なんになりたいの?」、「そのためにどんな勉強をしているの?」と相手かまわず声をかけ、そのための具体的なアドバイスをする。

小嶋は経営者であると同時に偉大なる教育者である。多くの若者を育て、多くの人々の人生に生きる「術」を教え、学ぶことの大切さと実践を教えている。

本項目の先頭の言葉に続けて、小嶋はこう語った。

「言うなれば、知的資産の獲得であり、それゆえにその後の収入を得ることができました。私の収入は同族だから得られた収入ではなく激しい努力で得られた技術に対する報酬であったと思っています。（中略）潜在能力を生かすには、時間と資本を正しく有効に使うことが必要であり、中でも教育投資にどれだけの時間と費用を回すかによって、将来が決まります。教育は、最高の投資です。成功を手にした人は終始学び続けた人だということを忘れてはなりません」

## 7 三つの領域への取り組み

### 「結果だけで人間を評価してはならない。そこに至る諸要素やプロセスを多面的に評価すべきである」

人事評価の問題は悩ましい。特に、成果主義と結果主義の混同がある。

ここで一度整理しておくと、結果主義の最たるものは完全歩合給で働く職種である。

プロセス評価も手段も関係ない、結果がすべての世界で、近いのは「自営業者」だろうか。この人たちはコストもリスクもすべて負っている。すべての活動は自分の能力・行動にかかっている。オーナー経営者も同様である。

一方の成果主義は、結果をも含めたプロセス全体を評価するというものだ。

さて、ここで言う人事評価は自営業者やオーナー経営者ではなく、「勤務者」の評価である。

成果主義と結果主義を混同してしまい、人事評価を失敗してしまった企業が多くある。年功序列は崩壊し、終身雇用も事実上なくなっているに等しい今日、単純労働には早くから「職務給」が導入された。多くの会社が導入している職能資格制度も一定のレベルまではあるものの、上位資格者には「職務給」、「職位給」へと移行しつつあるという。いわばいまは移行期・端境期なのかもしれない。

成果であれ、結果であれ、評価には業績評価が伴う。業績は客観性を求めると「数値」による評価をいれなければならなくなり、数値だけの評価であれば結果主義となる。

時には、降って湧いたような偶然の業績で結果が出ることがある。たとえば競争店がなくなった場合、当然業績は上がる。反対に競争店が出現して業績が下がるというような場合がある。そういった「与件」をどう考慮するか、たいへん悩ましいことである。

業績に至ったプロセスをどう評価するか、本人の努力度をどう勘案するかということだ。

小嶋は長い間、二つの評価表を使用していた。一つは、本人の顕在能力と業績を点数で示す評価表である。これを人事考課表とした。もう一つは観察評定書として本人の潜在能力・職務適性・性格・特徴等を記載するものである。

人事評価表に最終的に点数をつけるにあたっては、幹部評価会議を開催し、上位から一覧表にして役員以上があらゆる角度から喧々諤々議論した。ジャスコ誕生以後これらは大いに効果を発揮し、それまで知らなかった他の部署幹部たちの能力実績を知ることができた。

そして何よりも議論を繰り返す度に評価の基準が統一され、役員間の合意形成ができたことがよかった。人事評価の公開議論は、納得性と公平感を生み、人事の秘匿性を打破するのに役立ったのである。

結論めいたことを言えば、トップを含めた幹部に対して「経営上の直接数値成果」だけではなく、「企業価値向上への取り組み」、「人材の育成」などの重要領域に対する貢献度についての評価、議論をしておくことが重要であるということだ。同時にその尺度は末端に至るまで階層ごとに、職務基準書や権限規定や業務遂行マニュアル等に明示しておかねばならない。単なる昇給やボーナス査定のための「人事評価表」や、その設計議論に終始してはならないのである。

## 8 組織階層に求めるもの

**「衰退している会社とか業績が低迷している会社をみると大小、業種を問わず、下位層従業員よりも上位職・トップの経営意識の欠如と勉強不足が原因であることが多い」**

合併のメリットは数多くあるが、被合併会社にしてみれば、地域の中小企業からの脱皮、いわゆる、大型家業的経営から近代経営への脱皮も一つの大きなメリットだ。些末なことも含めすべてのことをトップが口を出していた会社から、組織的・制度的運用がなされるようになるのである。

人事本部時代、地域法人で問題が発生した場合、小嶋と私はその会社に赴き、トップ、経営層、管理職層、監督層、一般社員（労働組合役員等）に分け、階層別面談を実施した。いわば〝CT検査〟である。組織を輪切り診断して、どこに病巣があるのか、ネックは何か等を診断していくのである。私の役割は書記で、小嶋の質問や彼らの発言を記録していくというものであった。

九州のO社は先の小嶋の言葉の典型であった。トップが依然として旧来の経営手法に固執し、旧来の社員を旧来のごとく扱っていたのである。

小嶋は〝CT検査〟の数か月後、再びO社を訪れ、そのトップを退任させた。人事の仕事はきれいごとでは済まないことがある。一人のわがままを許すか、多数の将来に夢をもたせるかの意思決定を、時に悪役と言われようともやらねばならないことがある。

会社は、分業と階層と権限・責任・責務の構成で成り立っている。それは目的を達成するためである。達成できないとしたら、どこかがおかしいのである。戦略なのか戦術なのか、構成員の能力不足なのか、組み合わせなのか。「組織は凡人をして非凡ならしめるもの」が本来であるが、トップの意識次第で逆の状態に陥ってしまうことがままある。注意したいものである。

9

# 人は用い方次第

## 「どんな人でもその人に合ったやり方さえ考えれば、人はどういうふうにでも社会の役に立つことができる」

足らざるところから事業の再出発を始めた小嶋や岡田は、人の用い方をよく心得ている。どんな理想目標を掲げても人が参加してくれなければどうしようもない。人を中心に据えた経営をせざるを得なかったのだ。だから、「仕事に人を」ではなく、「人に仕事を」つけることから出発した。

会社は可能なことを探しにくるところであって、できない理由を探しにくるところではない。まして人の短所を探したところでなんの役にも立たないばかりか、その当人の意欲がそがれる。双方に良いことがない。

松下幸之助氏はよく、「私は小学校しか出ていない、だから大学卒の優秀な方にきてもらった。また体が弱かったので体格の良い元気な人にきてもらった」と話されたが、小嶋にも相通じるものがある。

昨今の出来事はどうであろうか？　従業員を自己所有しているがごとく使い、支配と従属の関係にしてしまい、会社を賃金と労働の交換場所にしていないだろうか？人は社会からの預かりもの――そういった謙虚な姿勢が肝要である。

## 10 止まると濁る・長いと腐る

### 「あのとき、代えておけばよかった」

私の経験によると人間は「止まると濁る・長いと腐る」ということが起きる。仕事でのことである。これは人間の性であり、習性でもある。

どういうことかと言うと、初めてその職に就くときはもちろん不慣れだから一生懸命に仕事をする。そのうち習熟し、やがて緊張感が失せ「なれ」てくる。このときが一番あぶない。仕事が「会社基準」ではなく「自己基準」になるのである。

自分の仕事を甘くしながら、他の人には自分はかけがえのない存在であるがごとく振る舞うのである。情報を独占し、自己の行動や予定を開陳せず、他からの干渉を寄せ付けなくする。そしていつも自分の仕事の「大変さ」「重要さ」を強調する。いわゆるベテランと称される人である。

マネジメントの見地からすると、特に本社とは離れたところで起こりやすい。放置すると、事故、不正、隠蔽が起きる。こういう人は総じて有能であるからなかなか気が付かない。

知らないのは上司やトップだけで、部下や周りの人はすべて知っているのであるが、それらを言わないところにこの問題の深刻さがある。この種のことは幹部の問題だけではなく、一般職・作業職の人についても同様のことが言える。

何十年とひとつの仕事を担当している人はなれ切っており、マネジメントの光が当たらず、改善のメスが入らない世界になる。しかし、その人だけが悪いのではない。マネジメントしていなかった側の責任である。

ジャスコ時代、同一職務三年、同一地区や店に五年の人は、長期滞留者リストとして挙げ、転勤または職務変更を実施した。せっかく慣れたのにとか、ベテランだったのにという反対の声もたしかにあったが、そのリスクよりも、組織に風を入れ、水を替え、本人に新しい刺激を与えることを小嶋は選び実施した。そのほうが長期的、育成的に見て、良しとしたからである。

しかし、小嶋には痛恨の出来事があった。出来事ではなく、もはや事件であった。海外派遣したT氏は有能で海外事業で大いに活躍し、その事業ではなくてはならない存在であった。派遣から五年、後任と交代させるべく小嶋は社長と相談したが、その結果、後任に適任者がいないという理由と本人も継続を望んでいるということで赴任を継続した。

その後、事件は起きた。長い単身赴任生活はT氏をむしばんでいたのであろう。日本に残した家族に背き、現地で家族をもっていたのである。加えて、会社への帰属意識が薄れ、現地で別の事業を営んでいた。

当然ながら懲戒解雇である。その後、彼は離婚し現地に残り同様の事業を営んでいたところ大きな交通事故を起こした。

それ以来、消息は途絶えた。

そのとき出た小嶋のひと言が「ああ、あのとき、代えておけばよかった」である。遅きに失し、お互いにとって不幸な結果となってしまったのである。

# 11

# 側近政治を排除する

**「トップの周りに好みの人間をおいてはならない、トップが褒めたたえた人間も同様である」**

小嶋が人事の心得として残した言葉だ。「トップとて人間やから万能ではない。本来的な仕事に専念できるようにすることが大事で、トップの好みの人間だけ近づけてはならない。トップが褒めたたえた人間も同様である。秘書などは若手の有能な人物を選定して、錬成の場としてローテーションすべきである」と。

人事的側面で留意すべきことは、「秘書」と「側近」の扱いである。職務上秘書や側近はある程度私事を扱うことが多い。スケジュールや面会者予定、決裁書などを扱うため、「公」と「私」の混濁が発生する場合が往々にしてある。そこに加えて、一つは秘書や側近の思い上がりからくる権力行使とも言うべきことが起きる。お局や茶坊主が誕生するのである。もう一つは秘書や側近に近づき、情報を得ようとする輩が出る。スケジュールを得て、先回りして忖度準備をする輩である。

トップからすると「よく気が付く」ということになるが、いずれも会社を腐らせる原因・遠因になる。

小嶋は自分の秘書を一、二年で転勤させ、他の役員秘書もそうさせた。理由はあえて言わなかったが、その真意はわかる。前述のとおりである。

またモラルがない人間、企業経営の障害となる、責任を回避する人間やリスクを回避する保身的な人間や虚構性の高い人間をトップマネジメントから遠ざけることを命じた。それが組織にとって好ましい発展と維持活動をもたらすからである。

## 12 人間の美しい心に訴えよ

**「ほとんどの場合、真剣に向き合えば仮に敵であっても相手も理解してくれる」**

人の長所は相当性根を据えて見ないとわからないものだが、反対に人は往々にして自分のことはさておき、他人の欠点にはすぐ目がいくものである。さらには、他人の欠点をあげつらうことで、自分がその点では優れているかのように見せかけることもある。

この場合の「性根を据えて」とは、用いてみないとわからない、仕事をさせてみないとわからないので、その間の忍耐・辛抱がいるということである。

小嶋は一九七一年、信州の「はやしや百貨店」提携の際に、はやしや幹部一人ひとりに手書きの「年賀状」を出している。しかも、ハガキではなく長文の年賀状である。

それは一種の小嶋の「訴え」「檄」でもあった。

再建の目途もたたない時期で、世の中の動きやジャスコの提携の本旨、そして幹部に対する期待と責務を個々に要請したものである。過去にこのような手紙を受け取ったこともなければ、正面きって期待と責務を説かれたこともない幹部たちは敗者・傍観者から当事者に転じた。やるべきことを改めて認識したのである。

人の心は微妙である。心の美点に訴えれば当人の美質を引き出し、悪い心を刺激すれば、悪意を引き出すものである。長所と短所は一対であり相対的なものである。

一方が大きくなれば一方はしぼむ。どちらに作用するかだけなのである。用いる角度で「丸い卵も切りようで四角」である。人使いの妙である。

13

# 合併成功の本質——人心の一致と融合

**「公正さや公平さは、だれの目から見てもそれと分かる具体性をもつものでなければならない。そのためには、基準、制度が常に公表されるという仕組みが必要である。そうした仕組みが存在して、初めてそこに皆に納得ずくの公正さが現実のものになる」**

合併業務は創造的業務である一方、脆弱な部分や問題部分の手術による切り取りや泥まみれの清掃のような作業を含むものである。それが人事問題となるとモノサシが違えば差別やえこひいきといった合併の負の部分が噴出するし、一度噴出すると尾を引くものである。そのため、まずは共通のモノサシが必要となる。

人心の一体化にあたって最も大切なことは、社員の任用や給与待遇面において徹底した「機会均等」、「公正さ」、「公平さ」を貫くことである。それは会社の側からも社員側からも理解できる、具体的なものでなければならない。そこに双方からの納得性が生まれる。

学歴・性別・年齢・国籍といった本人の努力で変えられないものをモノサシとせず、できるだけ客観的なモノサシが必要となる。資格制度、登用制度などをどう組み立てていくかである。

岡田屋では、入社数か月後に「社員登用試験」があった。就業規則と内規集・販売等の知識からなる「私たちのつとめ」から問題が出され、全項目丸暗記し、一字一句違ってもいけないテストである。就業規則や内規集は、会社と社員との広義の労働契約である。社会人としての規則やルールを守ることは、給与をもらうプロとしての自覚の涵養でもある。そしてなにより学生生活との決別である、だから入社後に試験をする意味がある。不合格者は準社員として一年後の再度の受験となる。

こんな話がある。岡田屋に勤めだしてから、学校時代よりも勉強するようになった。どうしてだと親が問いただしたら、「社員登用試験」だという。そこで親御さんは「うちの娘は社員と違うんですか」と会社に怒って電話をしてきた。人事では懇切丁寧にその意味を説明し、岡田屋は勉強するところらしいと納得されたという。

このように岡田屋では、「組織制度委員会」で資格制度、登用制度についての問題はすでに揉んであり、メンバーも育っていたため当たり前となっていたが、フタギ、シロはそうではなく、当初は戸惑いがあった。

しかし、小嶋は発展するジャスコを想定し、これを断行した。職能資格制度をまず導入し、のちに資格と職位を分離したのである。

準備段階の一九六八年に初めて三社統一の管理職登用資格試験制度を導入した。課長（のちに副参事）登用試験を実施したのである。課長登用試験では、毎年「ＭＴＰ」（マネジメント・トレーニング・プログラム）というアメリカ陸軍の下士官教育のテキストを日本的にしたものを登用試験テキストにした。毎年受験対象社員は関連する講義を受け、試験を受けるいうものであった。登用試験に合格しない人は毎年続けて受けることになり、講師である高橋三郎先生に、「今年も来たか○○君（笑）」と言って講義が開始されたという逸話がある。

こういった登用試験制度と資格制度で、一定の客観性をもたせた。

一方で「教育能力開発制度」も整備した。この柱が「ジャスコ大学」である。

そうして、すべての社員に機会の門戸を開放して、自らの努力で能力を向上できるようにした。店長をめざすなら「店長育成コース」を受験すればよく、出身企業に関係なく、教育の機会を得、さらに同じ志をもった者と共に学べるようにした。

客観的なモノサシ、機会の均等、さらには同じ志をもつ者と集う場をつくることで、人心の一致と融合を果たしたのである。

14

# 公正な能力をはかるモノサシを創る

**「公正の原則を貫くためには一部の人を特別扱いしてはならない。他の社員と全く同じモノサシを当てはめることが肝要である。安易な妥協が良い結果を生み出すことは決してない」**

合併時における公正なモノサシをつくる上で、大きな問題がもう一つあった。関西地区店舗における職人の処遇問題である。岡田屋ではスーパーマーケットを展開するに際して、先達会社に派遣して指導を受け、学校に派遣して実務と理論の勉強をした。職人をつくるのではなく、技術者をつくるためにである。

しかし、旧会社の関西地区では職人に頼っていた。正しい情報も勉強もなく、また店での仲間もなく、仲間と言えば他店の同職人くらい。そのため、そこでは彼らの基準で運営がなされていた。それは職人本人に問題があるわけではなく、会社や店舗のマネジメントの問題である。

小嶋はこの職人たちと正面から向きあい、話し合いを続けた。学校でもう一度勉強をするか、ジャスコのセンターで技術者として働くか。彼らとてプライドがある。小嶋は自らの選択をせまった。退職をしていく者もあったが、ほとんどの職人はジャスコに残り戦力となった。

「私は企業のめざす方向、その中における彼らの脱皮の方向などについて辛抱強く話し合った。同じ人間同士、胸襟を開けば通じるものである。大多数の〝職人〟は新しい知識と技術を取得することにより、ジャスコになくてはならない〝専門職〟に生まれ変わった」と、小嶋は『あしあと』で書いている。

もう一つ、はやしや百貨店の再建についても紹介しておこう。はやしやは長野県松本市にある名門の百貨店であった。新築移転の過大な投資で財務体質は極端に悪化し、商品提携をしていた三越百貨店も副社長を派遣してテコ入れしたが再建は困難を極めていた。

一九七〇年、ジャスコと再建の覚書を交わし、再建に乗り出した。ジャスコとなって間もない頃で、スーパーが百貨店の再建に乗り出すのは初のケースだったため、業界でも注目を集めた。

ジャスコから第一陣として三名の要員が派遣されたが、労働組合の反対等もありすべて交代することになった。

一方、当時、名古屋にはジャスコの名西ショピングセンターがオープンしていた。そこへはやしやの三〇名、他の店舗に数名の出向者を出した。そこで新しい時代の小売業を目の当たりにした彼・彼女たちは熱心に勉強した。そして地元・松本へもその情報は徐々に伝わった。

営業的には百貨店の良さを残しながら改装に着手したが、内部的には組合問題が大きかった。百貨店の労働組合の上部団体が商業労連だったこともあり、その傘下の組合に対して陰に陽に影響を与えていた。また、組合は甲信地区のリーダー的存在であり、プライドもあって団体交渉はすさまじいものだったが、とにかく説得をした。

数々の施策をほどこしながら、特に幹部教育（マネジメントを柱とした階層別教育）に力を入れた。ジャスコの岡田卓也社長の来社時には、店が閉店してから屋上にある社員食堂に幹部社員を集め、ひろく海外情勢や国内の状況、はやしやの状況、問題点などを質問に答える形で夜遅くまで討議をした。岡田塾である。反対意見にも岡田は丁寧によく耳を傾けた。そして質問者に当事者として考えさせた。

小嶋も同様にはやしやで行う幹部教育実施の講義によく松本を訪れた。小嶋自身は講義より質問に答える形式を好み、質疑応答には個と個の勝負に出る。単なる評論は許さず、「それであんたはどうしたいのや？」と常に当事者意識をもたせつつ対峙した。

はやしや百貨店の裏にある「はやしや会館」で講義を行っていたが、会館の職員がこの小嶋を見て「どこかの学校の理事長さんですか？」と尋ねるくらい眼光するどく凛とした姿であった。

赤字会社であった「はやしや」において教育費を捻出するのは困難である。しかし小嶋も岡田も現地への出向者に対して一切の予算を削ずることなく教育を実施させた。次第に複合的な施策が功を奏し、組合も軟化し、業績が急速に回復した。銀行借り入れも返済し、回転差資金による余剰資金さえ生まれた。業績回復した「はやしや」は一九七四年、ジャスコグループ政策発表会の席で特別表彰をうけることになった。その後、信州ジャスコと改め、長野地区の合併の中核会社になり二部上場を果たしたのである。

長野県は昔から教育県としても有名である。はやしやの社員は基本的に頭がよく、理論で理解することに慣れている。ジャスコ大学へも多くの社員が受験し、良い成績で修了している。業績回復の裏にはこのような資質の高い社員が多くいたのも大きな要因である。加えて、それに甘んじることなく真正面から向き合った結果であることは間違いない。

# 15

# 専門(人事担当)経営者としての誇り

**「企業の中においては、人間の基本的な生き方という普遍性のあるものを、正当に考え、評価し、風土として確立しなければなりません」**

小嶋の人事施策については、レジェンドとさえ言われるほどの実績でありながら、小嶋の強烈な個性ゆえに、その理念行動がややもすると小嶋本人の属性としてとらえられているふしがあり、「小嶋しかできなかったこと」として済まされ、なかなか伝承しづらいところがあるのも事実である。人事の問題はケースバイケースでの処理の積み重ねであり、書き尽くせないデリケートな部分を含むからである。

しかし、小嶋を知る上で重要な部分なので人事の根底にある考え方をあえてここで述べておきたい。

以下、一九八〇年に小嶋が人事担当者向けに「人事政策覚書」として作成したものの一部を抜粋、要約して紹介する。

## (1) 人事政策の基本

人事政策の基本は企業の発展力を確保することにある。発展力のあるところは、人々が自己の能力を発揮する希望をもつことができるので、多少の不満はあっても解消し、未来に光明をもつ風土になる。この風土は、発展力を産むよき循環をする。一旦この循環がなくなると企業は老化し、時間経過とともに業績は悪化し、不平不満は充満する。

## (2) よき風土の維持と浸透

したがって、人事政策の基本の第一はよき風土を維持浸透させることにある。企業の発展力は人にある。発展は変革を予見し、変革を許容し、積極的に変革に対応する人間集団をつくることにある。

## (3) 変革を許容する制度づくり

変革を許容し、機会を善用する風土を養うためには、従業員の個人生活においても、たえず、変化、刺激、移動があり、他の地域や他の事業所を進んで見学し見聞をひろげるような制度づくりが必要である。また、企業の方針や、対応、営業品目、事業所の設置等においても計画的に転換を行うことが必要である。いわば、組織に新鮮な空気を送り込み、絶えず血液を浄化するシステムをつくり周知せしめておくことである。

### (4) システム（制度）創造と保守的人間の排除

発展力の確保には、システム創造のための人材の確保が必要である。システムはいつも、ソフトであれハードであれ、技術革新が当然のことである。一つのシステムができあがると保守本能が働く。技術革新は保守本能との闘いである。人事政策は、保守的人間を会社の中枢部に置かないことである。経験と保守とは違う。本来経験が技術を革新するニーズを生むのである。しかし、保守的人間の経験は、創造を生まない。人事はこの人間の質の見分けと質の向上がポイントである。

### (5) 採用は質の選別

人事は採用に始まって採用に終わる。採用は本来的な質の選別である。本来的な質とは何かと言えば、創造力である。創造力は革新を生むチカラであるからである。もう一つの要諦は企業の盛衰と人の性格との関係についてである。虚構性の強い人間をトップの傍においてはならないということである。トップはこの虚構性の強い人間を重用しがちになる。虚構性とは真実を真実として伝えないことである。つまり真実の中で都合の悪いことを打ち消して、一部の事実を真実全体とする人間であり、トップにとって都合の悪いことが隠されるということになる。トップも人間であるから耳に入りやすい言葉を信用するのである。虚構性の高い人間は、本来的な性格であるから本人自身も虚構だと気づかない。

いままでの経験から言えば、虚構性が高いというデーターをもつ人間は、必ず他人の失敗によって、現在の不利がもたらされていると告げる。またそれも事実である。しかし、自己が担当する自己の責任であっても、それは決してそうでないと自分が信じる。失敗をしない人間はいないのであるが、自己が失敗することがないというのが虚構性である。したがって、トップの意思決定を惑わす強い影響力をもつ地位に置きやすい、いわゆる切れ者にこの種の人が多いので側近から排除することである。

## (6) 正しい情報

企業の盛衰の原因は、要するに、あるときのトップの意思決定の結果である。もちろんトップといえども人間であるから常に完全であるとはいえない。しかし意思決定するときはなんらかの情報の結果であるから、情報を誤りなくすることが何より大切である。情報はろ過されてくるから、どこをどんな形で通るかによるのである。大切なことは過誤が過誤とされないことである。過誤のない人生はない。過誤のない経営はない。どう修正するかである。それには常に真実が必要である。

### (7) 人事は組み合わせである

人事は組み合わせである。どう集団を構成し過誤を防止するかである。人事の技術は、人と人との組み合わせの技術である。組み合わせには個別の人に対する知識と組み合わせによる異なった結果の予測が必要である。組み合わせの結果は状況によって異なる。相乗することと減殺することがある。緊張した局面と、平穏なときとは異なる。どの効果をねらって、どの組み合わせをするかは薬と薬の組み合わせに似ている。毒が毒を制するか、毒性も調合され薬剤としての効果を産むか、人々の体力、環境、本人の意思、財的裏付け、これらに対する洞察識見が活殺をきめる。

### (8) タイミング

人事政策はタイミングである。それは社会的ニーズもあるが、要は企業のおかれた環境と、企業内人事構成によって実現するのである。企業は環境によって欲求内容が異なるのである。タイミングはある程度洞察によって計ることが出来うる。

欲求はパワーであり、発展力の原動力になりうる。発展力こそ企業の命であるから、このパワーをどう発酵させるかである。発酵には時間を要する。したがっていつ種をまくか、いつまで待つか、パワーの最盛期を何時にするか、どんな形をよしとするかである。

## ⑼ 先見性

早くから種をまかねばならぬ。人事はその意味で先見性が必要である。また、待ちの忍耐が必要である。時期到ったときの機敏性が必要である。周到な計画が必要である。読みの深さが求められる。人事における読みについて述べると、会社の長期計画との整合性である。

わが社が将来志向する業種・業態は何かということを早くから発見して、そのための人材を確保することが大切なことは言うまでもない。しかし、それ以前に、当社の将来計画に参画するゼネラルスタッフの人材が必要なのである。

## ⑽ トップとスタッフ

優れたトップとは、とりもなおさず優秀有能なスタッフをもつ者をいうのである。

しかもスタッフは、専門職能に長けているだけでなく、集団としての統制力がなければならない。そこで先に述べた性格が大切なのである。いままで多くの人を見てきたが虚構性の高い人物は、それ自身有能であっても、集団のチカラを増幅するよりも集団のチカラを分裂させる場合がある。表面的平穏と実際的不満とは両立する大人の世界なのである。つまり、実証できない不満の原因となる人物であることが多い。

ある事業のトップになる人間の性格は大胆でも細心がよい。用心深さのない人間、甘えの多い人間は全体の長になるのに危険である。トップが危機に陥るだけでなく、事業にかかわるすべての人の生活に危機がくるからである。人事は要《かなめ》の人物が大切である。

要になる人物は用心深く、その周辺にあるものは明るいほうがよい。これは一般的な設定であるが、意識的に育成することもできる。人事政策の基幹は、風土と中心人物、すなわち社長とゼネラルスタッフの育成に主眼がおかれる。

## ⑾ スタッフについて

人事政策は組織の編成と連動する。ゼネラルスタッフは組織戦略要員でもある。

目標による管理は、当事者が目標設定をすることにより、その目標が関係部署に公認されることにより、目標達成が可能となる。ジャスコが目標をたて、目標を明確にして周知確認し、初めて達成されるのは言うまでもない。目標を創造し達成の手順を設営するのはゼネラルスタッフである。

社長は、予め意思を明確にし、誰をゼネラルスタッフの長にするかを決めればよい。しかし、誰をいつ、長にするかが社長に課せられた重い義務である。ゼネラルスタッフも組み合わせである。ここに人材を惜しんではならぬ。現在のジャスコはこの人材を充実していない。建築でいうなら設計部門である。小企業では、トップ自らが設計し、自らが大工の棟梁になる。我々が合併してきた企業の多くは小企業であるがゆえに、棟梁はいても、優れた設計者がいない。ジャスコの本社は、設計者の集団でなければならぬ。優れた設計者は棟梁をはじめ大工、左官、その他もろもろの技術水準を知り尽くして設計する。

一方で新技術を導入しながら、彼らの理解度、人間性を誘導しつつ設計する。新技術の導入度合いで他社競合との勝敗が決まるのである。ジャスコの合併は、本社の機能を地域会社が利用できるところに最大のメリットがある。すなわち地域会社は専門スタッフをもたないのである。専門スタッフの養成は、高度なノウハウが必要である。高度の専門知識をもたないスタッフはスタッフとは言えない。

## ⑿ 社外スタッフの活用

専門スタッフの養成と社外スタッフの利用は合わせて行うべきものである。戦略とは、環境変化に対応することであるとするならば、この変化対応のためには、絶えず社外スタッフを選定し、社外スタッフを活用しなければならない。したがって社外スタッフの選定を誤れば、企業の命取りになる。

原則的に言えば、社外スタッフは、①トップの哲学的背骨のための人材、②理論武装用人材、③新技術導入用人材の三つに分けられる。

殊に②③については革新政策・戦略と相関があるのでこの人材リストは企業の将来を決めるものである。いわば商取引において取引先の選定が、商品本部長に委ねられているように、②③の社外スタッフの選定にあたっては、当該部署で充分な分析、審議のうえ、系統的配慮と担当本部長の識見に委ねられるものである。担当本部長は、長期的かつ根本的影響を充分配慮しなければならない。

## ⒀ 能力開発部長の役割

したがって、能力開発部長は当社のメイン事業の政策を具体化していく手法を開発することを、実務家として充分にこなしうる人材を長に据え、一方では社外スタッフと社内スタッフの組み合わせによる政策推進のプロモーターの任に耐え、さらに一方では能力開発部員を育成して地域に還元し、ジャスコ連邦制経営の推進隊員の訓練錬成の機関の長としての務めを果たし得ることを期待したい。現状を見ると成果の検証(目標との差異に対しての原因と改善手法・成果検証手法)が劣っている。これが会社の弱点となっている。

一方当社の長所といえば、人間尊重の気風とみてよいだろう。したがって人間同志の大きなトラブルは少ない。

このことは、合併・連邦という当社の基本的命題を至上のものとして今日までの繁栄を可能ならしめた原動力となっている。しかしこの原動力は逆な見方をすれば、効率重視に繋がらないことも事実である。

## ⒁ 基本的命題

物事を長期的に、全面的に、根本的にみて、自分自身のこととして問題を実践の問題、我いかになすべきかを考えられる人間が指導的立場のエリートである。ジャスコの未来、ジャスコが全体的・根本的に何をなすべきかを我がこととして考えねばならない。また、そういう人間をつくり上げることが人事政策の基本的命題である。そしてそれは会社の執行機関の実践的課題であるだけではなく、労使双方のリーダーに通じることであるから、労働組合の幹部にも当然要求される資質である。労働組合員および当社の社員の生活の安定と永続は経営政策の基本の一つである。この前提が崩れると、あらゆる不平不満が爆発する。経営の安定を維持することは人事戦略なのである。維持の要諦は発展にある。発展はすなわち改革にある。改革をするのは人間である。人間をつくるのは人事なのである。

改革をするのがリーダーであり、リーダーが企業の幹部であればノーマルであり、それが大衆であれば混乱を生じる。したがって、人事戦略としては、改革のできるリーダーの養成と改革を受け入れる大衆風土の深耕が、戦略中の戦略なのである。

——以上、小嶋が人事担当者向けに「人事政策覚書」として作成したものの一部を披露した。ジャスコの人事担当者向けではあるが、今日のイオンに、ひいてはある一定規模の企業経営者向けの人事政策のベースとなる考え方を示したものと言っても過言ではない。ぜひ、参考にしていただきたい。

# 第5章

# 自立・自律して生きるための処方箋

## 1 何を選択し目標とするか

**「成長の可能性と限界について、自らのイメージをどのように描いていくかということが最も大切である」**

目標とか目的という表現ではなく、夢・希望・願望と言ってもいいだろう。それをより具体的に実現可能なカタチにイメージすることが肝要である。成功者に共通しているのは、たどり着く先、つまり目標をより鮮明に描いている点だ。

経営実務では目標をあるべきカタチとして規定し、現状との差を解決すべき「課題」「問題」として認識する。それらは、より具体的に計量可能な数値目標や、定性的な行動目標として設定される。

個人生活でも同様で、たとえば新入社員が三年後一〇〇万円を貯めるという目標を立てたとしよう。現在の貯蓄が二〇万円しかないとすると、その差の八〇万円が達成すべき課題となる。

一年目はいろいろと準備があるので二〇万、二年目は三〇万、三年目も三〇万で合計八〇万となる。さらに細かくしていくと、一年目は月に一・七万円、日にすると約五七〇円の貯金をするということになる。

そこまで具体的にして、次に実際にそれを実現するためにはどうするかを考える。禁煙をする、外食を減らす、ペットボトルを買うのではなく水筒に飲み物を入れて持ち歩く……など、具体的な行動案が出てくるだろう。あとは、それを実践していく。

ただ、漫然と「三年後に一〇〇万円」と念じていても到達することはできない。行動にまで落とし込むことが必要で、大きな目標や夢であっても原理は同じである。

人生は長いので、区切りなり、ステップなり、道標なり、階段が必要だ。一挙に到達することは不可能で、その過程で自己を客観的に見つめる機会にもなる。

ポイントは目標はやや高めに設定するということ。なぜなら凡庸な目標設定は達成の意欲を喪失させるし、新しい知恵や手段を生まなくなり、好ましい緊張感が維持できないからである。かといって、実現不可能なことを設定すべきではない。それは無謀であり蛮勇である。

加えて重要なことは、意味のあるものでなければいけないということだ。

小嶋は約四〇年の厳しい経営生活を終えた後、一〇年ごとに目標を設定している。その中でも美術館の開館はとても大きな目標であったに違いなく、多くの時間と金銭的資源を投入している。建物の細部にいたる構想や収蔵品・展示品・その後の企画展などは「小嶋千鶴子」の思想・理想そのものである。さらに「作陶」はテーマを変えながら、今日まで続けている。

何を目標とし、何を選択するか。人間は基本的にもっているさまざまな欲求があるがその中でも最も強いものは「上質世界」にある自分であり、そのイメージに近づけていくために行動をとると言われている。それは経営においても、個人生活においてもしかりである。

## 2 自己を開発する能力を身につける

### 「たえず勉強して知識や技術を身につけていく、そのことが自分を変え周りの人たちも変えていく」

自己とは己一身のことではない。己にかかわるすべての者に影響を与える関係性においての認識であり、単なる「個」ではない。経営者が絶えず勉強して知識を増やし、自分が学んだことから選択し行動に移していくことは、決して自分自身だけのことではなく、企業の発展性を確保することになり、社会はもとより、働く従業員の生活の安定にもつながることを考えれば、素直に理解できるだろう。

個人生活に置き換えれば、たとえば妻として母親である女性が勉学にいそしみ、規律ある家庭生活をより推進できれば、夫も子供の育成にも好影響を与えることは間違いない。さらに身についた知識は可能性を広げ、やがて復職した際にも賢い選択をする可能性はより高くなることは言うまでもない。

勉学の方法は書物に限らないが、できれば、単なる受け身ではなく、能動的な行動によって得られる手段を選びたい。

つまり自分の意思で行動を起こしてもらいたい。そして、自分の持ち味を知り、自分の強み・弱みを知り、強みをより拡大して弱みを極小化することである。弱みに目をやり、それをなくそうということは余分なエネルギーが必要となり効果は薄い。

一方、他人との競争において、自己の能力を伸ばそうとする人もいるが、それはあまり好ましいことではない。なぜなら、競争そのものが目的化しがちだからである。

それよりもやはり「克己心」「自己革新」というように、自分自身を克己奮励し、自己を革新していく己との闘いこそが真の成長につながる。
克己心は自分自身を動機づける内なる心の在り方であり、自身が掲げる目標を達成するという強い意志の表れでもある。決して他律的なものではなく、自律作用であり、習慣でもある。

## 3 人間の可能性は無限大

**「親がこんな大きな店の赤字を減らしてから君に引き継ぎたいといっているが、早稲田を出て君は恥ずかしくないのか。マイナスから立ち上げる覚悟がなければすぐ辞めたほうがいい。親が親なら君もだめやな」**

瀬戸市の大きな陶器店でのことである。
年老いた父親が後継者の息子を前にして「小嶋さん、長年陶器屋をやってきましたが、なかなか業績も不振で行く先も心配です。いま私は少しでも赤字を減らしてから息子に譲ろうと思っています」と言ったのに対しての小嶋の発言である。

事を成し遂げた偉人には共通していることがある。それは決して恵まれた環境ではなく、むしろ「逆境」「挫折」からの克服である場合が多いということだ。それを考えれば、MBAといった〝スキル〟を学ぶよりも、〝先人の足跡〟に学ぶことのほうが人間らしい知恵ある行動と思えてならない。

能力開発とは、未だ使われていない、意識下にある「潜在能力」を顕在化させることである。

心の奥に潜む潜在意識に良い刺激を与えること、すなわち肯定的な人生観をもつなどして得られる効力感や達成感、有用感などの刺激を与え、人間の可能性を引き出す感情・意識である。

公的資格をとるなど新しい課題に挑戦する、新しい分野に挑戦する、新しい人に会うといったことを通じて、これまで使われていなかった能力を刺激することである。

体にたとえれば、違う筋肉を使う運動をするようなもので、同じことをし続けているとマンネリ化し、むしろ能力は劣化する。

さらに言えば、能力の開花はある日突然、花が咲くように得られるものである。それまでできなかったことが突然できるようになるのである。それは偶然ではなく、ある種の修練のたまものであろう。

つまりたゆまない勉学によって達成されるものなのである。

## 4

# 散歩のついでに富士山には登れない

**「目標をもちそれに向けて、具体的な計画を立て、手段を考え、知識のないところは勉強してきた。そのおかげですべて達成した」**

小嶋や岡田卓也のジャスコ設立までには長い助走期間・準備期間があった。準備とは精神的準備、能力的・技能的準備、経済的準備、体力的準備のことである。

精神的準備を支えるのは、高い志と情熱と困難に立ち向かう勇気である。

小嶋は戦前は動乱の時代を乗り切る使命感と知恵、戦後は復興と再建に立ち向かうため、姉と弟と数人の部下の能力を使い切った。それらすべてが、ジャスコ設立の精神的準備を整えるための助走期間であったと言えよう。

小嶋は一時期書店経営をやっていたことは前にも述べたが、この六年間は専門経営者への脱皮にむけての知的準備期間ではなかったろうかと思う。

その後のアメリカ小売業を目の当たりに見た後は、より大きな目標に書き換え、チェーン展開に乗り出したが、チェーン展開には多くの管理者・専門職が必要となる。そこで、大卒社員定期採用、大卒社員の大量採用などの人事施策に乗り出した。

このように歴史をさかのぼると、小嶋の施策に共通しているのは、「用意周到」とも言うべき戦略眼を有していることである。

今日の問題を処理しながら、明日のために何をなすべきかをキッチリおさえているのである。

今日は昨日の結果であり、明日の準備期間でもある。志・目標・計画・手段の重要性を心得て準備をする。計画とは将来に対する今日の決定であり、結果の見通しである。計測可能な基準を設定し、何がリスクなのか、何をなすべきで何をしないかの段取りを決める。

段取りとは人・モノ・金の組織化でもあり、また物事を分解し再構築する能力でもある。すべてを熟知していないとできないことである。

今日の出来事は過去の意思決定と行動の積み重ねの結果であり、決して偶然の産物ではない。大きな目標をもち、志を高く掲げるならなおさらである。果実を得るには、それまでの準備こそが必要なのである。

# 5 復元力を身につける

## 「失敗は何よりの教育のチャンスと考えなければならない」

失敗から教訓を得るためには、二つのことが必要である。一つは失敗の要因を分析することである。失敗の要因には、①故意によるもの、②不注意によるもの、③能力不足、④能力がありながら会社のルールやプロセスに従ったため、⑤タスクの難しさ、⑥不確実な要素が多すぎたため、といった六つの要素が挙げられる。

①から③は失敗とは言い難く、事故に近い。④から⑥については一様な判断は難し

いかもしれない。が、いずれにしても自分自身が失敗の要因をどう認めるかが重要だろう。自責的な人はまじめで勤勉な人が多く、自分自身に対し厳しすぎる判断を下す。一方、他責的な人は過剰に他人を責め責任を転嫁しようとする。なかなか失敗を認めないから教訓を得ることから遠ざかる。

そういったことを回避するには、たとえば、新しい挑戦をする際にあらかじめ成功と失敗の基準を決めておくことである。期限、スケジュール、予算、クリアすべき課題などポイントを決め、クリアできなかったら途中で止めるなど、独自の設定をしておくのである。いわゆるここまでやったという「自己満足基準」の設定である。

もう一つ、失敗から教訓を得るために必要なのが復元力である。当たり前だが、立ち直らなければ教訓を得、それをのちに生かすことはできない。

では立ち直るにはどうしたらよいか。

失敗や挫折を知的・楽観的に考え、一過性・局所的・可変と柔軟にとらえ解釈する心の習慣をもつことである。悲観的に考える人は、恒常的・全体的・不変ととらえ無力感・将来への不安を増大させ自信喪失する。

この差は性格にもよるから困難であることには違いないが一種の訓練によって改善することができるだろう。

そして、失敗から学ぶことができれば、成功するより有意義であることもある。過去の偉人や一流のスポーツ選手などは、失敗や挫折から立ち直っているケースも多い。賢者は失敗から教訓を得、愚者は後悔と愚痴に終始するのである。

小嶋も岡田も個人の希望・意思を大切にする。登用試験制度、ジャスコ大学、配転異動など本人の自発的創造性を前提として行った。特に新規事業要員などは「公募」または自己申告書で決める。

失敗することよりも挑戦する気持ちを大切にしたのであろう。

## 6 なくてはならない人になる

### 「二〇年先の自分の姿を想像したことがあるか？」

たとえば、簡単に会社はつくれるし、すぐ「社長」になれる。しかし「社長であること」、「社長でありつづけること」は相当困難を要する。社長に限らず、組織一般の

「長」と言われる者も同様で、「長」になったから自然にリーダーシップが発揮できるわけではない。肩書と能力・人格は必ずしも一致するとは限らないのである。

出世を望むことは決して悪いことではない。人間には上昇志向があり達成意欲もある。組織の中で大きな仕事を任されるのは、確かに自己満足にはなるし、一般的に高い社会的評価を受けることも事実である。

昇格や任用にはその組織に求められる「基準」があるが、多くの場合、他の「与件・要素」によって決まる。たとえば、忠誠度、滅私奉公の程度、貢献度とは関係ない偶然に得た業績結果、上司との相性や好き嫌い、果ては派閥など不合理極まりない要素によって決まる。これが人間社会である。つまり組織における昇格とか任用は、「部分的昇格・任用」なのであり、全人格的な評価ではないということである。

会社という組織の中では、出世に一喜一憂することはやむを得ない。しかし、出世は人生のすべてではない。他の組織に転職し希望を得た人や、就社でなく就職を選び自営を始める人もいる。

一九六三年に岡田屋に中途入社したF氏がいる。面接時に小嶋から「いまなんの本を読んでいますか?」と聞かれ、「唐木順三の○○です。出版社は○○です」と答えたという。印象がよかったのか採用され、あちらこちらの職場を担当した。

二年後、退社を決意して退職願を提出したところ、小嶋から「F君、いまから大阪に来なさい」と電話がかかってきた。「夜遅いし、すぐに行けません」と答えたら、「あんた、辞めるのはいいけど、二〇年先の自分の姿を想像したことがあるのか？」と思いとどまるよう諭されたという。

それでもF氏は会社を辞め、特殊な広告業を始めた。業種を制限し、高い基準を設けて広告掲載料は一切値引きをしない強気の商売である。これが成功した。業績は順調に拡大し、いまでは超優良企業になった。岡田屋を退職してから三十数年である。

F氏は「小嶋さんから言われた、二〇年後の自分の姿を想像したことがあるかという言葉が、いまだに頭に残っている」と言う。

選択肢は限りなくある。就社には定年という強制退去がある。会社生活の余禄（精神的・経済的）で晩年を過ごすには長すぎる。

五五歳で組織の社長を辞め、趣味を生かした「山野草」の盆栽の栽培・販売をしている知人がいる。彼には定年はないどころか、ますます芸術作品に近い「盆栽」を創り、ハンドメイドの作家仲間と共同で催事を行っている。彼はいま家庭においても、仲間内においてもなくてはならない存在となっている。

あるとき小嶋に優秀者とはどういう人を言うのか尋ねたことがある。小嶋は、「革新性のある人やな」と答えた。

小嶋自身も人事専門経営者として手腕を振るい、退社後は監査役と各地への講演活動、働く女性のフォーラムや女性経営者の勉強会の開催をしてきた。趣味では七三歳で陶芸活動を開始し、八五歳で三〇〇〇個の制作目標を達成し、個展の開催、美術館のオープンと運営というように次々と己の人生を切り拓き、極めてきた。

徹底して学び、習熟し、己の人生を切り拓き、極める。これこそが、生きる目的ではないだろうか。

## 7 矯めるなら若木のうち

### 「若いうちに責任ある仕事につけないと手遅れになる」

「鉄は熱いうちに打て」の言葉どおり、若いうちにシッカリと訓練や教育を受けた者のほうが、のちの人生でヒトカドの人物になっていることが多い。学校における学習のよいところは知識を得ることのほかに「習い性」が身につくことである。遊び仲間との体験で得た教訓も、終生記憶に残ることもある。とにかく若いうちは、染める前の白生地である。どのような色使いも模様も描くことが可能である。

ということを考えれば、実社会に出てからの「影響者・感化者・メンター」を誰にするかは、その人の人生を決めてしまうくらい大切なことである。

とりわけ、職場の上司は仕事を覚える上で大きな影響力をもつ。

肯定的な価値観をもち、親切で熱心な上司であれば、本人は働く喜びを覚え、協働の喜びを得、目標を達成しようと努力する人間に成長する。

半面、否定的な人生観をもち意地悪で怠け者の上司であれば、彼は将来に失望を覚え仕事の喜びを知る間もなく、会社を去るかもしれないし、場合によっては同様の人物になりかねない。

このような、極端な例ではないが、若い人の間違いを正さない上司も困る。仕事にはコツやポイントがあると同時に、してはならない細かな要素・動作によって構成されている。注意すべきときに注意してその場で正しておかねばならない。

後日の注意やまとめての注意は効果が薄く、身に染みない。身に染みないからまた繰り返す。

私は子供の頃、父親の手伝いをしていたときに「同時に二つの作業をするな」「刃物を使っているときにしゃべるな」と徹底して教えられた経験があるが、いまでもこれを守っている。

このように、新人訓練は集合教育もさることながら、実際の仕事でのＯＪＴがとても大事である。優秀なしっかりした社員には過去に優秀な社員の部下であったことが多く、教えられた経験はまたその部下に伝承して、好循環を生んでいる。

いくつになっても、仕事ができない社員の原因をたどると前述の上司のような悪いケースであり、ビジネスの基本ができていないことが多い。しかし本人は年次や長い経験ですでにビジネスの基本を得ていると勘違いして、上から目線で部下に接し高圧的に振る舞う。

ビジネスの基本とは、マナーに近い所作ともいうべき細かいものである。いつもペンとメモを持ち、上司からの指示にはメモをとり、復唱し確認するなどのことである。あるいは、きょう一日の仕事をメモし、終わったものは消去し、仕事の遺漏を防ぐなど自分なりの小さなルール・習慣をもつことである。

もう一つ若いうちに重い荷物（責任）をもち、それを全うする経験を積むことがのちの人生を拓くことにとって重要である。

足腰が弱く、すぐあごを出す、つまりギブアップする人がいる。過去に重い責任から逃れ、立ち回りだけが上手くなった「殺陣師」などのような人である。こういう人は残念ながら後年になって苦労している。

したがって若い人に重い仕事と責任を負わすことである。若い人は進んで重い荷物を引き受けることである。

小嶋は二三歳で社長、後任の弟・岡田は二〇歳で学生社長だったのであるから。

## 8 モノの見方・考え方の原則

### 「意思決定に迷ったときには長期的にかなうかどうかで決める」

モノの見方・考え方の三原則として、一つは物事を長期的に考える、二つ目には根元的に考える、三つ目には多面的に考える、ということを小嶋は教えている。

一つ目、物事を長期的に考えるのと短期的に考えるのとではその結論は反対のこともある。その場合には長期的に考えることをよしとする。

二つ目、物事を根元的に考えるのと、表面的に考えるのとはこれも結論は分かれる。この場合には根元的に考えてよしとする。

そして三つ目、物事を多面的に考えるのと一面的に考えるのとはこれもまた結論が異なる。この場合には、多面的に考えてよしとする。

人生は直面する問題の連続であり、そのためともすれば、解決の方法も短期的・刹那的に陥りやすい。根元的・本質的な原因は何かを考える間も余裕もなく、一面的・表面的なその場限りの解決や一方的で相手への配慮を欠くようなことが往々にして起こりうる。

しかし、それでは後々に禍根を残す。前述の三原則はそれを起こさないための方法である。ひと言で言えば熟慮・思慮分別をもち、軽率な判断をしないことに尽きる。

合併による諸問題で一番困難なことは人事問題だが、その最たるものは「退職金」問題であった。岡田屋が、フタギ、シロと合併をしようとした当時、いずれの会社も退職金規定があり、勤務年数と一定の乗率で算定され、社員は退職時に相当の額の退職金を受け取る計算になっていた。

しかし、小嶋はそのままではいずれ会社は退職金支払い倒産が起きるに違いないと予測していた。早くから生涯賃金という考え方をし、これからは年金化をしないとその退職金も絵に描いた餅になる。それでは決して社員の幸福につながらないと、労使との交渉を重ね、難渋したが小嶋は退職金を年金化した。利益配分と個人の拠出による「青い鳥基金」を創設したのである。

長期的、根元的、多面的に考えた結果、より手のかかるものであっても、それに着手したのである。

# 9

# 小事は大事——小事を大切にするのがプロ

## 「多くの常識人を育てたい」

小事を厭うものに大事は任せられない。小事を見逃すと大事に至る。古今東西の経験上の鉄則である。しかし簡単ではあるが行うことは難しいのも事実である。

挨拶、身なり、言葉遣い、約束を守る、礼儀、整理整頓等の日常生活上のマナーはもちろん、ビジネス上の一般的なルールでは職業や肩書、役割によって、それ相応のレベルが要求される。

あるとき、小嶋から「東海君、一度ジャスコの幹部社員にも細かい常識を教えないとあかんな。この前、お客さんとタクシーに一緒に乗るのに、合併会社の○○君が、お客さんにどこに座ってもらうかも知らないで恥かいたわ」と言われた。どちらかというと社内では、上下の礼儀作法も問わない小嶋ではあるが、社外では別である。

仲間内の言葉は仕事場では通用しないし、立場のある人がぞんざいな言葉遣いをすれば、その立場を失墜することだってありうる。日頃大言壮語を吐きながら礼儀しらずでは信用されない。

小嶋の言う「人間的なことを疎かにしない社員を育てたい」、「常識人を育てたい」というのは、要するに社会から信用される社員を多く育てることである。

小事は毎日の積み重ねによって大事になる。

プロは日頃の小さな修練を欠かさない、音楽家も芸術家もアスリートもそれを欠かせば大きな成果が得られないことを知っているからである。チェーンソーを扱う林業作業員は、木を切る時間よりチェーンソーを研ぐ時間のほうが長いという。研いでおかないと切れ味が悪く、結局のところ効率が悪いことを知っているからである。

ヤナセの河野敬氏は、一九年間にベンツを一五三〇台売り、「飛び込み営業で日本一ベンツを多く売った男」として有名だ。

「私たちが回るのは昼間ですから、基本的には奥さんしかいないわけです。名刺を置いてきて、反応を待つのが仕事ですね。結局、飽きることなく継続して名刺を置いてくるしかない」

（野地秩嘉著『プロフェッショナルサービスマン』プレジデント社より）

その後、河野氏は管理職となったいまも修練のため飛び込みセールスを続けているという。

知人の新進気鋭の陶芸作家は、職人時代に毎日何千個という茶碗をろくろで引いたという。その後、世界各国を放浪し、その土地でその土を使い作品を作り続けた。いまでは精神性の高い用の美と芸術性の高い作品を多く作り人気作家となっている。

多くの人がそれぞれの組織内で働いている。将来のためにいまから行う日々の小さな修練は何があるだろうか。

一流のプロは小さなことを疎かにしないで密かに続けている。

## 10 小さな変化を見逃さない

### 「自己の金銭管理ができない者に会社の金品は任せられない」

一方、放置しておくと大事に至るのが小事である。

大事故は突然起きるのではなく、多くの小さな出来事の積み重ねで起きる。すなわち兆候がある。その小さな兆候を見逃さないですぐ手を打つことに限る。

千丈の堤も蟻の一穴からということがあるが、まさにそれであろう。犯罪や不正はもちろんのこと、それ以前に家庭内においては子供の諸行動や変化など、会社内にあっては、度重なる失態や欠勤、意欲の喪失などの兆候を見逃さないことである。

兆候の発見には知識と経験と観察眼を要する。総合したものを「勘」というのだろうが、初めて訪問した先で問題点を把握できる。「どうもおかしい」、「シックリいかない」といった、長年の勘が物をいう場面だ。

営業のプロは売れ筋を見逃さないし、財務のプロは粉飾を見抜く、人事のプロは有望社員と問題社員を見分ける。いずれも細かい小事を見逃さない。「勘」が働くからである。

パラミタミュージアム時代の出来事である。

「最近、美術館に来てくださるお客様とは全く異なる顔つきの悪い変な人を駐車場や館内でみかけるのが気になる。よく注意しておくように」と言われ、館外、館内をよく注意していると確かに小嶋の言うとおりである。

職員にそれとなく聞くと、最近入社した保安係のOさんが来てからだという。加えてその人は事務所のモニターに映らないというのである。

ピンときた。借金の取り立てか、良くない一味に違いない。

そこで小嶋と私はOさんを呼んで問いただしたところ、実は自分は奥さん以外に女性がいて、最近は家に帰らず、必要なものは夜忍び込んで持って帰るとのことである。多分、その男は奥さんが差し向けた私立探偵に違いないという。

それを聞いて、早速Oさんにはお引き取りねがった。公務員のOBで、そこの紹介だったのに残念な結果に終わった。

それぐらいでと思うかもしれないが、小事を疎かにしてはいけないのである。

# 11

# 「あるもの」より「ないもの」で人生は決まる

**「夢を持ち、夢を追ったことが私の生涯を決めました。私は、呉服屋の娘として育ち、何の生活手段も持ち合わせていませんでした。いわば、先祖の余徳によって生かされてきました。戦後の日本の変革を激しく受け止めたことが、企業合併を決断させたことになり、自分自身もまた人事管理、組織や制度などを創る技術を持つという選択によって、自力で生活する人間への脱皮を図ったという人生の変革でした」**

人の人生は「満たされないもの」を追い求め続けることかもしれない。幼い頃の体験が後世に影響を及ぼすことはよく知られているが、幼児体験を決して否定的・不変的にとらえるのではなく、むしろバネとして肯定的に解釈して自己革新・克己心や向上心に変えて成功した人も多い。

戦時中の経済統制下においては売るものがない。自由に商売ができず、人もいない。

戦後は店もない、商品もない、あるのはのれんと数人の幹部だけといった焦土から復興を遂げたのである。

これらのことは、この時代の多くの人が体験したことであり、ないところから始めることは当然のこととして受け止めている。平和のありがたみもしっかりと身に染みている。

なかでも小嶋は幼少期こそ町の呉服店のお嬢様で育ったが、父親の死、次いで母親、姉の死と続いた不幸の中で、呉服店の経営と幼少の妹と弟を抱え、親代わりを果たしながら弟を次代の立派な経営者に育てねばならなかった。

時代の大きな激動の波にもまれつつ、「使命」にすべてをかけたと言える。

さらに、商家であった小嶋は、小売業の脆弱さ、産業としての未熟さと働く人たちの知識のなさを子供の頃から実感している。近代化を図るには「知識集団」にすべきであるという信念のもとに、その後の経営・人事施策を行った。その時代に合った状況の中から、夢や目標、将来を見越した人材育成に主眼を置いて経営をした。

常に、そこにないものをいかにして創り上げるかの挑戦の人生だったと言えよう。

夢や志、目標と現状のギャップを課題としてとらえ、それを埋めていく努力こそが人生であろうと思う。

「いま、ないことは決して不幸なことではない。得るように努力すればよい」

そんな小嶋の言葉が聞こえるような気がする。

## 12 上策に向けて全力を尽くす

### 「君の案は〝並み〟やな」

小嶋から数多くの叱責や指導を受けたが、その中でも一番堪えたのが「君の案は〝並み〟やな……」である。それも一回ではない。何回も言われた。

言われたときは、自分の能力のなさに対して腹立たしく思ったものだ。と同時に小嶋の言い方が気になった。

嫌だったとかそういうものではなく、〝並み〟の下には「下策」が、同様に〝並み〟の上には「上策」があるということに気づいたからだ。

「並み」とは「凡作」のことで、誰でもが考える普通の策であって取り立てて評価するに値しないということである。

小嶋から何度も何度も理由も言わず突き返され、時には見たくないと言って破られたこともある。しかし、そのやりとりが続く中で「ここか」というポイントが見えてくる。そうして、〝凡策〟が〝上策〟になっていったのだ。

発酵するまでに時間は要するが、良い「商品」ができ上がり、その過程も自分のモノになる。

小嶋が求める「上策」の基準は高い。斬新さ、インパクト、他の追随を許さない優位さを求めてくる。つまり、「独自性」があるかないかである。手垢にまみれた使い古しの案には見向きもしない。

小嶋は学者の理論を好み、それを現実の企業運営において実証しようとする、合理的かつ実証的な思考をもっている。それに見合うものを求められる。

「君の案は〝並み〟やな」というのは、小嶋流の相手を発奮させるためのきっかけなのかもしれないが、本当にきつかった。しかしだからこそ、上をめざす強さももてたように思う。

果たして、いまある考えは上策なのか、凡作なのか、それとも下策なのか。自己反省と向上への糧としたいところである。

13

# 選択で自己が決まる

## 「君たちが傍観者でいる限り成長も成功もないことを知っておくべきだ」

「随所で主となれば、立つところみな真なり」

禅語である。主体性をもって真実の自己として行動し、チカラの限り生きてゆくならば、何事においても、いついかなるところにおいても真実を把握でき、いかなる外界の渦にも巻き込まれ、翻弄されることはない、という教えである。

主体性とは、当事者としての行動を言う。

たとえば、仕事において「させられている」と「自らしている」とでは大きな違いがある。仕事を「自らしている」と考えられたら、もっと工夫改善することはないか、楽にやれる方法はないかと創造することができる。すなわち「主」となる。

一方、「させられている」、「私には関係ない」というのは、当事者ではない。何となくぼんやりと見過ごしている状態であり、厄介なこと、困難なことから眼をそむけている状態で、これを傍観者と言う。傍観者は、物事を表面的に、雑にとらえ、深く観察することも、それに関する知識もない。

さらに、知識を求めることもなく、だから物事を見ても見えない。新聞やＴＶを見てもわからない、わからないから避けるという悪循環を繰り返すことになる。

当事者の意識をもってすれば、意識的観察が身につき、それまで見えなかったものがよく見えるようになる。観察眼に優れた人はさらに当事者意識を働かせ、よりよく物事を細かく観察して特異点を見逃さない。

また、当事者意識は役割意識でもある。母親がしっかり子供を見る、管理者がよく従業員の動きを観察しているというのは、いずれも役割意識がそういった行動をさせている。そして、社会的役割をもっている人は、必然的に当事者として知識を得ようとする。赤ん坊についての知識がなければ、子育てはできないし、管理者としての役割を学ばなければ、従業員を監督することはできない。

また、興味のあることについては、人は学習し、知識を得ようとする。たとえば、樹木や草花の知識や関心がある人は単に「樹」「雑草」とは呼ばない。「百日紅」「山茶花」と固有名詞で呼び、山茶花と椿の区別を知っている。

このように知識は興味や社会的役割との関係性が深い。

小嶋は新入社員に対し「意識的観察」、「自己啓発」、「数量管理」を勧めた。広く社会を見る目を育て、興味の幅を広げ、お客様の動作、買い物行動、売れ筋などを意識的に観察し、それを数量としてとらえる。傍観者では得ることのできない実務であり、それによって当事者にしようとした。

「当事者」か「傍観者」か、いずれの立場を選ぶかは本人の心の「選択」次第である。「我が雪と思へば軽し笠の上」という慣用句があるが、何事も自分の物事と思えば苦にならないということである。

# 14 最後は全体の利益を優先する

**「どんな仕事でも、仕事らしい仕事には、すべての人が賛成するわけではない。反対があればこそ仕事の意義がある」**

人それぞれに人生の意味があり、一様の解はない。ただあるのは限られた人生をどう生きるかということだ。

小嶋の場合、二三歳からジャスコ相談役を退任するまでの約五〇年は、個人より企業経営を優先する生活を選択した。むしろ個人生活を犠牲にしてその道を選んだと言ってもいいかもしれない。宿命と言ってもいいだろう。

本来的な資質があったにせよ、小嶋のあふれんばかりの情熱は一介の家庭婦人には収まり切れないものを感じる。克己奮励する姿を他人に見せず、根が勝気なだけに愚痴はこぼさない。サッパリした語り口の中に強い意志を包含し、悟りを開いたごとく重みがあるひと言を発する。その言葉は刺さり、考えさせ、一時は反発しても結局納得させられる……。

五〇年もの長きにわたり自己犠牲とさえ言える行為を支えたものは、彼女の使命感、なさねばならぬという責任感だろう。あふれる知識をフル回転させて一気呵成にジャスコをつくり上げた。まるで神がかりのようであった。

小嶋はあるとき、作家であり、僧侶でもあった今東光氏の次の言葉で自分の人生観が変わったと言っている。

「人間の半分の人が賛成して、半分の人が反対するようなことをするのが一番いい仕事だ」と。

そうして出たのが本項冒頭の小嶋の言葉である。

15

# 自立・自律をめざして

## 「一番、処しにくいのは甘えのある人やな」

自立とは、精神的自立、職業的自立、経済的自立の三つだが、精神的自立とは、他人に依存せず個人としての尊厳をもち自律していくことである。職業的自立とは文字どおり、職業を通じて世の中に貢献することであり、その職業によって経済的に自立することである。なかでも職業は大きなウエイトを占め、精神的・経済的なものと相互に大きく関係する。

ドラッカーは『プロフェッショナルの条件』（P・F・ドラッカー著、上田惇生編訳、ダイヤモンド社）の中で、「自らの成長のために最も優先すべきは、卓越性の追求である。そこから充実と自信が生まれる。能力は、仕事の質を変えるだけでなく、人間そのものを変えるがゆえに重要な意味をもつ。能力がなくては優れた仕事はありえず、人としての成長もありえない」と言っている。

最後に『あしあと』から引用して、この章を締めくくりたい。

「働く人が変わっていくことにより、お店が変わり、お客様までが変わる。つまり、一人一人が自分自身を変えることで、組織が変わり、そして会社が変わる。自分たちの会社を、今後どうしていくかということは、自分自身をどうしていくかということと全く同一のことである。会社を発展させるためには、自分を発展・変革させなければならない。この事実が、人間と会社の面白さであり、組織の興味深いところである。人事を担当して、岡田屋からジャスコに至る五十年の私の人生は、私自身をどのように変えていくかという自問自答の連続であった。言い換えれば、自分自身との戦いであった」

すべては自分自身の生き方、人間としての生き方の問題なのである。

# 終章

# いま、なぜ「小嶋千鶴子」なのか？

## 持続可能な社会の構築に向けて

国家や政府や公的企業や私企業であれ、いかなる経営体もいかなる優れた組織も、社会の変化に適応しなければ劣化し、腐敗し、衰退し、やがて没落を迎える。劣化は経年劣化もあるが、人に限れば「安定・保守志向」「先送り」などであり、それらは静かに確実に進行する。習慣病に似ており、なかなか気づきにくく、堆積して革新を阻害する。問題が表面化したときにはすでに手遅れになる。また、たとえ表面化しても「矮小化」「問題をすり替える」などして、果てはなかったことにする。そんな繰り返しでは未来はない。

適応とは単なる順応ではなく「革新」を必要とする。生命体が環境によって全く姿カタチを変えるのが適応と革新である。未来の予測は難しいが「変化」があるということは確実である。来るべき変化を予見して「手を打つ」。

打つ手は二つ、捨てるものを決めることと、次代に適うものを産み育てることしかない。

モデルなき未来に対してトップを走る企業の苦悩がそこにある。トップであった企業が瞬く間に海外の企業や二番手、三番手に遅れをとりトップから転落する。規模や過去の繁栄や栄光など何の保証にもならないことが起こりうる。

いまやスピードの時代。変革の先送りや準備期間などはないのだ。

広く社会を見れば、大きな転換期を迎えている。年齢構成による「世代」の交代、「世界」からの影響、もう一つ加えれば、「都市と地方」との格差・特殊さからくる価値観の相違である。

世代の交代で言えば、戦争の惨禍を知る世代は減少し、戦争はＴＶやアニメで見る世界という世代が増加してきたことがある。

世界の影響では、世界との同時性とコスト競争である。日本の労働者は世界のどこかの国の労働者とコスト競争をしている。

そして、都市と地方との地域差、都市への一極集中は経済的・文化的にもますます価値観の相違を産んでいる。

さらに憂うべきことは、働く人たちの中で新しい階層が出現していることである。たとえ階層があったとしても本人の意思と能力で縦横に選択の道があればよいが、いまの様相では固定化されることのほうが可能性が高い。

また、ブラック企業が存在するという事実。企業として脆弱なら致し方ない部分もあるが、それが立派な会社で起きているというのは、まことに恥ずべきことである。

さらには一部ではあるが、自分と意見の違う者に対してのヘイト的対応が拡大しているように感じる。それは決して物事の解決からは程遠いと知るべきである。

どれも早々には解決を見ないだろうが衆知を得て、いずれ時を経て良き方向に収斂していくと願うしかない。いずれにせよ、人種や価値観の異なる人や、老若男女が共生できる、成熟した大人の多様性を甘受できる社会を望むものである。

一方、ある意味では、現在の状況はなにもなくなった戦後の復興に酷似していると言えなくもないのかもしれない。が、そのときはモデルがあった。アメリカに追随し、追い越せばよかった。しかしいまはそれがない。ということは先進国や先進企業の誇りは世界の覇者になることや富のランクではなく、モデルなき時代に立ち向かう開拓者・リーダーたることではないだろうか。

経営においては、こういった混沌とした世界の中、いかなる変化にも耐えうる体質づくりが急務である。小嶋が縷々述べた持続的成長の担保は人づくりしかなく、まずそれらを推進する改革者的経営者とリーダーの育成である。いま存在していないものを創り上げることに責任を負い、未来を切り開くリーダーである。

リーダーを含め人材養成には、長期戦略をもたねばならない。いわゆる〝戦略人事〟が必要となる。

人事とは発展段階に応じた、給与給付的人事、労務的人事、管理的人事、そして戦略人事の策定などがあり、スタッフで言えば、戦略人事がゼネラルスタッフで、それ以外はサービススタッフに位置づけられる。サービススタッフは社外外注可能な業務であるが、戦略人事は企業の中でもトップグループに位置づけされ、固有のものであらねばならない。つまり、戦略人事は経営人事と同義語なのである。経営者である小嶋が人事を専門的職業として社長を補佐していたのである。

小嶋の「戦略人事」は、半世紀前から現在にも通じる長期的戦略をもって行ってきた。だから、その哲学・施策は半世紀を経てもなお新鮮で、かつ現在でも通用する。

いま、日本の企業でトップと同等の人事責任者は存在しないのではないだろうか。CFOと呼ぶ財務責任者は多く存在するがCHROの人事担当副社長はまれである。地位のことを言っているのではない。人事は企業の盛衰を左右するほどの戦略部門なのである。社長の専権事項とか、管理部長や総務部長と兼任できるほど容易なことではない。

あえて、経営人事とは何かを整理すれば、長期にわたり価値を生み出すのは事業ではなく人材であるとの認識をもつことである。いかなる事業もそれを推進するのは人である。企業の業績のほとんどは人によっている。それが仮にAIであったとしても運用は人による。組織は人がつくるものであり、言い換えれば組織は人の構成によって初めて完成し、機能する。

経営者の課題アンケートには「人材育成」がトップ3に選ばれるが、当たり障りのない耳障りのよい「標語」になっているのが現状である。

その原因の多くはトップにある。トップが人事権を握らんがために専門部門に権限を委ねないからである。またラインに人事権を委ねすぎる場合がある。生殺与奪の権のすべてを委ねすぎることである。どうしてもラインの長（子会社の社長も含む）は今日の成果に重点を置き、明日への投資という人材育成にはチカラを入れない。また有能な人材を放出したがらない。結果的に本人の成長の芽を摘むことになる。

小嶋は多くの人材を縦横に活用した。

人材と一口に言っても主に三通りに分けることができる。

最も多いのはプロパー社員であるが、小嶋はこの社員たちに教育によって知識を身につけさせ、人事異動により職務深耕と職務拡大に経験と時間をかけて養成した。評価のスパンも長く、強みも弱みも熟知している社員たちである。小嶋の凄さはこの社員たちを最低でも「課長」レベルまでに仕立てたことであると思う。知識的・技術的・経済的に課長レベルの処遇をした。もちろん、もっと上位の幹部社員や関連企業のトップにも仕立て上げたメンバーがいたことは言うまでもない。

もう一つの社員は、中間採用者である。中間採用者には二通りあるが、一つは採用時期が異なるが、プロパー社員となっていく社員である。新卒中間の区別、区分は全くない同等の扱いである。後者はいわゆる幹部クラスの「スカウト社員・タレント社員」である。他の会社での識見・経験・技量を武器に一つの会社に留まらない「傭兵」社員である。この社員は企業文化が異なるのでなかなか組織になじまない傾向をもっている。会社からは育成よりも短期の成果を求められる。したがって評価のスパンは当然短くなる。結果が出ないと本人も居づらくなるし捲土重来の機会は与えられないことがある。

最後に社員ではないが、外部の有識者（大学の教授）やコンサルタントの存在がある。

これら三つの層の組み合わせは、組織を活性化する意味では大きな効果をもたらす。が、調合配合比率を間違えれば、効果は減殺し組織はいずれかに偏重し分断し組織内競争に終始する。小嶋はこの組み合わせにも絶妙の手腕を発揮した。

つまるところ、人材を育成しプールしておくことが経営者の責務である。そうして、人材の層に厚みができれば、それは組織の生命力そのものであり、そういった組織は永続性が保証されるのである。

そして、いつの世も教育は人間の未来を拓く可能性を秘めている。それは人間の可能性の追求であり、人間しかできない創造の世界である。

教育は訓練とは異なり、一朝一夕に効果が出るものではない。この時間に耐え、これに要する経済的負担を投資と考えることこそが未来を拓く要諦である。

絶え間なく勉学を続け、それを実践してこそ意味があると小嶋は教える。そうして見聞が広がることがさらなる成長へつながり、そのことがまた楽しみであるという。

最後に、もう一つ、『あしあと』からの引用をして、この本を締めくくりたい。

「まず決心すること、見聞を広げること、実行に手をかすこと、自分の意志で参加することだと思います。社会を変えるためには自分自身を変えることから始めなくてはなりません」

# 謝辞

この本の執筆にあたっては、御恩ある小嶋千鶴子氏と岡田卓也氏について表記上敬称を省略させていただいたことをまずもってお詫び申し上げます。加えて浅学非才の私に「終生の宝」を授けてくださったお二方に深く厚く御礼申し上げます。

さらに、元職場の諸先輩や同僚・後輩の皆様と独立後、数々のご支援ご鞭撻をいただいた関係先の経営者・幹部の皆様にもこの場を借りて厚く御礼を申し上げます。

とりわけ、この発刊に際しあたたかくご支援いただいた、プレジデント社の桂木栄一書籍編集部長様並びにメディア・サーカスの作間由美子社長、著者以上に小嶋千鶴子氏への理解を深めた飯嶋容子様には格別のご協力をいただきました。併せて御礼申し上げます。

二〇一八年秋

東海　友和

## 主要参考文献等（順不同・著者等敬称略）


『あしあと』　小嶋 千鶴子　求龍堂

『ゆびあとⅢ』　小嶋 千鶴子　求龍堂

『ゆびあとⅣ』　小嶋 千鶴子　求龍堂

『小売業の繁栄は平和の象徴』　岡田 卓也　日本経済新聞社

『ジャスコ三十年史』　ジャスコ株式会社編　ジャスコ株式会社

『創業者は七代目　ジャスコ会長、岡田卓也の生き方』　辻原 登　毎日新聞社

『ジャスコの経営』　緒方 知行　日本実業出版社

『「豊かさ」への自己管理術』　ジョン・W・ケンドリック、J・B・ケンドリック　山根 一眞監修　情報山根組訳　日本生産性本部

『会社成長の理論』　E・T・ペンローズ　末松 玄六訳　ダイヤモンド社

『幸之助論』　ジョン・P・コッター　金井 壽宏監訳　ダイヤモンド社

『イオン人本主義の経営哲学』　東海 友和　ソニーマガジンズ

『プロフェショナルの条件』　Ｐ・Ｆ・ドラッカー　上田 淳生編訳　ダイヤモンド社
『運命を拓きゆく者へ』　新渡戸 稲造　実業之日本社
『逆境を越えてゆく者へ』　新渡戸 稲造　実業之日本社
『会社の老化は止められない』　細谷 功　亜紀書房
『ビジョナリーカンパニー』　ジム・Ｃ・コリンズ、ジェリー・ポラス　山岡 洋一訳　日経ＢＰ出版センター
『テイクチャージ 選択理論で人生の舵を取る』　ウイリアム・グラッサー　柿谷 正期監訳　アチーブメント出版
『プロフェッショナルサービスマン』　野地 秩嘉　プレジデント社
『成功者が実践する「小さなコンセプト」』　野地 秩嘉　光文社
『ライフ・シフト』　リンダ・グラッドン、アンドリュー・スコット　池村 千秋訳　東洋経済新報社
『ハーバード・ビジネス・レビューＢＥＳＴ10論文』　ハーバード・ビジネス・レビュー編集部編　ダイヤモンド社
『ＤＩＡＭＯＮＤハーバード・ビジネス・レビュー　特集：戦略人事』　２０１５年12月号　ダイヤモンド社
『ＤＩＡＭＯＮＤハーバード・ビジネス・レビュー　特集：失敗に学ぶ人・失敗で挫折する人』　２０１１年7月号
ダイヤモンド社

小嶋千鶴子講演会記録等

## 著者紹介

# 東海友和（とうかいともかず）

三重県生まれ。岡田屋（現イオン株式会社）にて人事教育を中心に総務・営業・店舗開発・新規事業・経営監査などを経て、創業者小嶋千鶴子氏の私設美術館の設立にかかわる。美術館の運営責任者として数々の企画展をプロデュース、後に公益財団法人岡田文化財団の事務局長を務める。その後独立して現在、株式会社東和コンサルティングの代表取締役、公益法人・一般企業のマネジメントと人と組織を中心にコンサル活動をしている。特に永年創業経営者に師事した経験から得た、企業経営の真髄をベースにした、経営と現場がわかるディープ・ゼネラリストをめざし活動を続けている。
モットーは「日計足らず、年計余りあり」。

著書に『イオン人本主義の成長経営哲学』ソニー・マガジンズ、『商業基礎講座』（全５巻）（非売品、中小企業庁所管の株式会社全国商店街支援センターからの依頼で執筆した商店経営者のためのテキスト）がある。

カバー写真：『目で見る四日市の100年』郷土出版より

# 評伝 小嶋千鶴子イオンを創った女

2018年11月4日　第1刷発行
2018年12月3日　第5刷発行

| | |
|---|---|
| 著者 | 東海友和 |
| 発行者 | 長坂嘉昭 |
| 発行所 | 株式会社プレジデント社<br>〒102-8641　東京都千代田区平河町2-16-1<br>平河町森タワー13階<br>http://www.president.co.jp/<br>電話：編集(03)3237-3732　販売(03)3237-3731 |
| 販売 | 高橋 徹　川井田美景　森田 巌　末吉秀樹 |
| 編集 | 桂木栄一 |
| 編集協力 | 有限会社メディア・サーカス |
| 装丁 | 竹内雄二 |
| 制作 | 関 結香 |
| 印刷・製本 | 図書印刷株式会社 |


ISBN978-4-8334-2292-5
Printed in Japan